夢は逃げない

Make your dreams come true!

夢は勝手に
逃げていかない、
夢から逃げているのは
自分自身だ

ダイヤモンド・ビジネス企画・編

発行：ダイヤモンド・ビジネス企画　発売：ダイヤモンド社

はじめに

バブル崩壊後の一九九〇年代から二〇〇〇年代前半にかけて、グローバル化のかけ声の下に、多くの日本企業がISO認証取得に積極的に乗り出した時期があった。

とりわけ、品質保証マネジメントシステムであるISO9000シリーズと、環境マネジメントシステムであるISO14000シリーズの二つは、「認証を取得することが、すなわちグローバルスタンダードである」という一種の信仰にも似た熱い思いを背景に、日本中にブームを巻き起こしていた。

その後、リーマンショックや東日本大震災などを経て、産業界のISO熱もやや引いてきたらしく、あまり話題にもならなくなっていたが――二〇一八（平成三〇）年一〇月、久びさに新たな種類のISO認証が日本国内に紹介されることになった。ISO44001「提携事業関係マネジメントシステム」である。次いで、翌二〇一九（令和元）年六月にはISO45001「労働安全衛生マネジメントシステム」が国内に紹介された。

この二つの耳新しいISO認証を、それぞれ日本で初めて取得したのが同じ会社であったという事実を知ったことが、本書の出版を企画するに至ったきっかけの一つだった。その会社の名は、株式会社コーニッシュ。同社の創業者にして代表取締役社長は、今村聖三という人物であった。

我われはさっそく、この今村なる人物にコンタクトを取ることにした。

ダイヤモンド・ビジネス企画では、これまで数々の企業書籍の出版事業を通じて、実に様々な経営者を取材してきた。企業経営者、とりわけ創業社長という人種は、一筋縄ではいかない強烈な個性の持ち主が多く、毎回非常に新鮮な出会いを繰り返してきた。その中にあっても、今村という人物との出会いは、きわめて鮮烈な輝きを放つ唯一無二の出来事として深く印象に刻まれている。

本書は、今村聖三の生い立ちから筆を起こし、その為人《ひととなり》を紹介しながら、彼がいかにして今日の立場を築き、どこへ向かおうとしているのかについて詳述していくことになる。いわば、今村聖三の半生記のようなスタイルをとることになる。

それは同時に、コーニッシュという会社の創業からこれまでに展開してきたビジネスの記録であり、読者にとっては波瀾万丈のエンターテインメントという側面ももつことになるはずだ。一人の人生の軌跡が、そのまま多くの人びとの心を揺さぶる物語となる例は珍しくないかもしれないが、ビジネス書としてはどちらかといえば異例な切り口と言えるだろう。

世に出版されるビジネス書の多くは、一般にビジネスの専門的なノウハウを伝授するハウツー本であったり、あるいは働くことの意義や考え方を伝える人生論であったりする。それらに比べて、本書は、今村聖三という一企業人の軌跡を通して、コーニッシュという会社の独自性やビジネスモデル、業界内における立ち位置などを紹介していくことになる。企業の歴史をたどることが、そのまま社長の個人史となっているのである。世間でよくいわれるように、創業社長には良くも悪くもワンマン体質の人物が多く、場合によってはひたすら自画自賛を繰り返すだけの鼻もちならない人種に出くわすケースもないことはない。

では、この今村聖三という創業社長はどうか。

謙虚にして誠実。いっそ清々《すがすが》しいくらいに自らを誇るということがない。だからといって、必要以上に卑屈になることもなく、自分のことも他人のことも、言葉を飾らずにありのままに表現してのける。決して口が巧《うま》いわけではなく、むしろ、どちらかといえば口下手の部類に属するのだろうが、訥々《とつとつ》とした話しぶりはシンプルでわかりやすい。おそらく、本人も意識していないと思われるが、回りくどい表現や美辞麗句を排した口調で、しばしば事の本質を鋭くズバリと突く。一言で言えば、話をしていて非常に楽しい人物である。

世間でよく耳にする手垢のついた慣用句も、この人物の口から出ると、思いがけない名言金言のように聞こえてしまうから不思議なものだ。

そんな今村が率いるコーニッシュという会社も、いわく言い難い独特の魅力を放つ存在であった。それほど規模が大きいわけでも、歴史が古いわけでもなく、世の中に珍しい業態というわけでもない。にもかかわらず、日本で初めてのＩＳＯ４４００１、４５００１認証取得企業であることもまた、まぎれもない事実なのだ。

今村は言う。

「今回取材の申し入れを受け、私が今までどんなことを考え、何をしてきたかについて話す良い機会と考えました。お陰様で当社は来年創立三〇周年を迎えますが、社員の数も増えてきて、今では一年に一度顔を合わせるかどうかという社員もいます。

三〇周年というのは一つの区切りですから、この機会に、私が今までどんなことを考えて、何をしてきたかについて話しておきたい。そういう社員たちには、『おたくの今村という社長はこんな人間なんだよ。こういうことを考えているんだよ』ということを知っておいてほしい。それから、世間の人びとに対しては、『不動産業というのはこんな仕事です。その中で、私たちコーニッシュという会社は、こんな気持ちで仕事をしています』ということを伝えたい。それを一冊の本にして、いろいろな人に読んでもらいたいと思ったんです」

本書は、そんな今村の「思い」に応えるべく出版されることになった。執筆に当たっては、あくまで今村の基本的な考え方や人間性を尊重しつつ、第三者の立場から客観的に記述することを心がけた。本書を通じて、今村聖三という人物とコーニッシュという会社について、読者の皆様に正しくその魅力の一端をお伝えすることができれば幸甚である。

二〇二一（令和三）年三月吉日

株式会社ダイヤモンド・ビジネス企画　取締役編集長　岡田晴彦

目次

第一章

生まれ育った東京から一転、
大阪で多感な時期を過ごす

小学五年生で迎えた両親との別居

今村聖三は一九五七（昭和三二）年三月三〇日、東京の世田谷区用賀町に生まれた。用賀といえば、首都高速道路三号渋谷線の出入口としてドライバーにはなじみの深い土地だが、今村が生まれた時代には用賀出入口はまだ存在していない（一九六八年着工、一九七一年開通）。もちろん、東急田園都市線の用賀駅もまだなく、現在駅のある辺りには「玉電」の愛称で知られた路面電車・東急玉川線の用賀停留所があった頃である。

当時の世田谷区は二三区で最大の面積を有していた。その大部分は住宅地として利用されているが、とりわけ用賀を含む玉川地区は玉川台、玉川田園調布、等々力など高級住宅地としてのブランドイメージが高い。

それらの一等地に比べると、用賀は「山の手の下町」などと表現されることもあるように、高級住宅地のすぐ膝元に広がる、上品な落ち着きはあるが気取らない、いわゆるアッパーミドル層（中流の上）御用達の住宅地であった。都心に通勤する当時の社用族にとっては、二三区内の手頃なベッドタウンであり、その一方で、先祖代々この土地で暮らしてきたという住人たちも多い。今村家は、聖三の父が大阪出身であるから、いわば新参組である。

祖父との大切な一枚

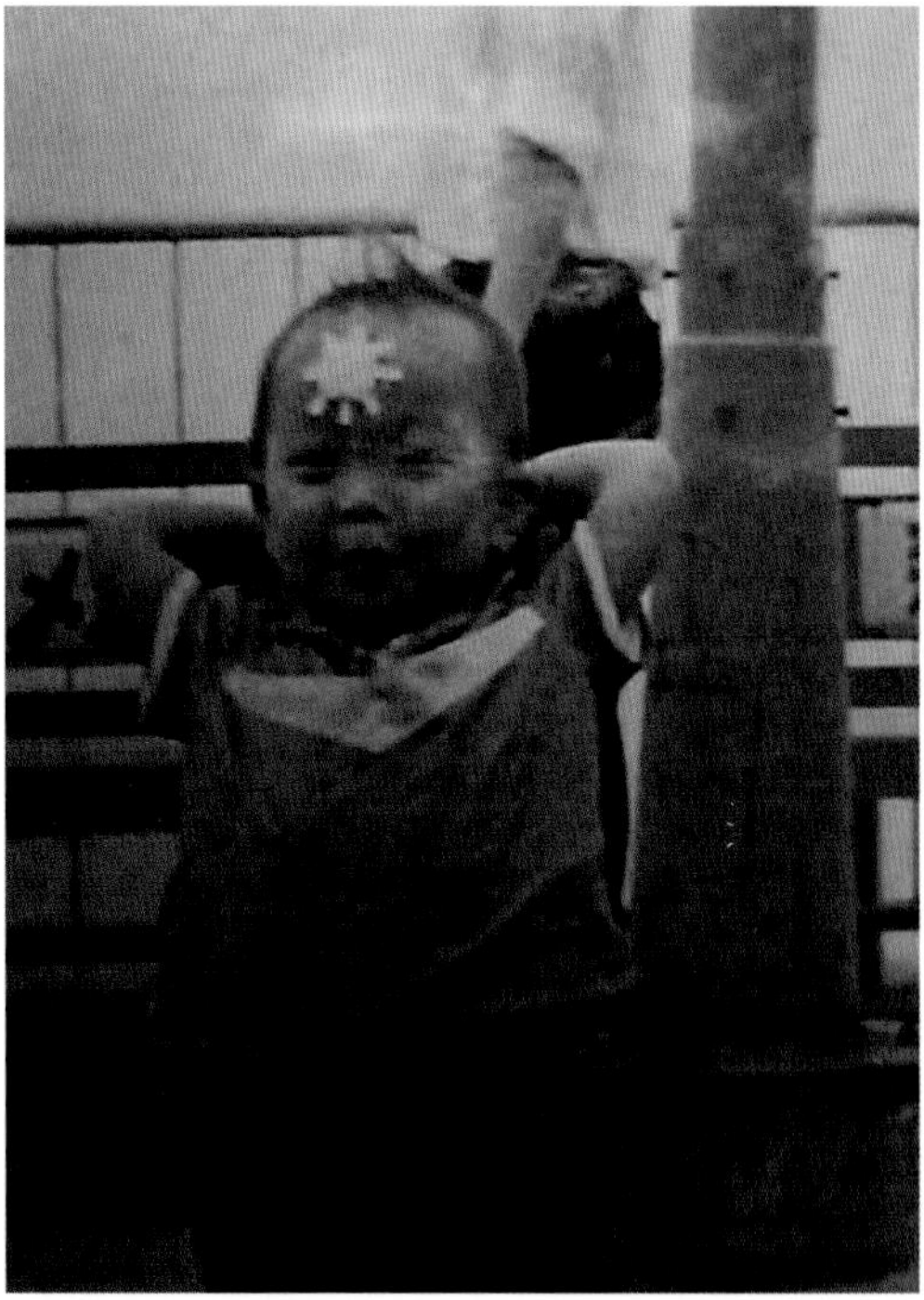

聖三はここで、一〇歳までの日々を送った。

三月三〇日生まれといえば、小学校のクラスの中でも誕生日がいちばん遅いほうであり、同級生の中には丸一歳近く年長の者もいたが、明るく物おじしない聖三少年の性格はクラスメートから愛され、ごくごく平穏な幼少期であったという。

小学校は地元のミッション系の学校聖ドミニコ学園小学校に通っていた。この学校は陶器の皿にフォークとナイフで給食を食べさせるような環境であったというから、当時としては裕福な家庭の小学生だったに違いない。二三区内でも、公立小学校ではプラスチックやアルマイトの皿に先割れスプーンの給食の時代である。だが、そんな生活はある日、一変することになる。

小学校五年生に進級した頃、聖三の父親は事業の失敗から多額の借金を背負うことになった。幼い聖三には事情がよくわからなかったというが、自宅に借金の取り立てで人が押しかけてくることもあったようだ。雨戸を閉め切った家の中で、家族が身を寄せ合って母親の作ったおにぎりを食べていると、外から雨戸をバンバン叩《たた》く音が聞こえてくる。子どもたちがその音に思わず反応しかけると、母親が「しっ」と言って黙らせる――まるでドラマの一場面のように緊迫した光景だが、聖三少年の記憶の中でその光景は恐怖ではなく、むしろ、家族と共に過ごせる楽しみを伴った記憶であるという。

それから間もなく、聖三は一学年下の弟と共に大阪府豊中市にあった祖父母宅に預けられることになった。当時のことを、聖三は次のように語っている。

「『おばあちゃんのところに遊びに行こう』と言って連れていかれ、私と弟を置いて両親はそのまま東京へとんぼ返りしてしまいました。転校初日の時にはもう両親がいなかったので、私と弟だけで転校先の小学校へ行ったくらいです。子どもだけで訪ねていったものですから、担任の先生もずいぶん驚いていました。私はお兄ちゃんですから、その時先生から『しっかりせんといかんな』と言われたことを覚えています」

転校先は、豊中市庄内駅前にある市立野田小学校。聖三はここに小学校五年生の途中から卒業まで通うことになる。それまで東京生まれの東京育ちで、大阪の言葉で言えば「ええとこのボンボン」だった聖三たち兄弟は、初めのうち、ひどくとまどったという。特に印象に残っているのが給食で、生まれて初めてプラスチックの容器で食べたものだから、ひどく食べづらかったそうだ。さながら、飛行機のファーストクラスからエコノミークラスへ移ったような、生活水準の激変である。

しかし、そんな新しい生活も、聖三少年にとっては必ずしもマイナスの記憶とはならなかった。

「東京時代の級友たちに比べて、大阪の子どもというのはわりと遠慮がないというか、分け隔てなく接してくれました。よく、遊びに誘ってくれたりして。学校帰りに『ソフトクリーム買いに行けへんか？』とか『ダイエーのほうに行けへんか？』という感じで……」

　あるとき、数人の友人と「自転車に乗って遊びに行こう」と誘われたが、祖父母の家だから自分の自転車がない。そこで、祖父の自転車を借りて行こうとしたのだが、聖三少年の身体《からだ》には大き過ぎて足がペダルに届かなかった。すると、それを見た友人たちは、「自転車はやめて、歩きで行こうや」と言って、めいめいその場に自転車を置き、聖三に付き合って徒歩で出かけることにしたという。

　また、転校して間もなく夏を迎えたが、着替えの乏しい聖三は毎日、同じTシャツを着て学校に通っていた。聖三自身はそのことをあまり意識していなかったというが、あるとき、自分のTシャツが汚れているのと同じくらい汚れたTシャツを着ている友人がいることに気付いた。彼は、着替えのない聖三に付き合って、自分もわざわざ一週間同じTシャツを着て過ごしてくれたのだ。

「やっぱり、こういうのが友情というか、人間関係ってこういうものなのかなとつくづく思いましたね」

　もちろん、周囲の友人たちは皆大阪弁であったから、学校で東京弁をからかわれたり

入学式での記念撮影

遠足でのひとコマ

したこともあったというが、総じて大阪で出会った友人は親切で、気のいい仲間たちであった。小遣い銭にも不自由している聖三を買い食いに誘い、おごってくれたりしたことも多かったという。

「もし、あのまま東京にいたら、今の自分はなかったと思います——」

聖三は当時のことをしみじみとそう述懐する。

食べ盛りの小学生にとって、祖父母の与えてくれる毎日の食事は決して満足できるものではなかったが、たまに叔父（父親の末弟）が実家に帰ってくると、「お前ら、ちゃんと飯食ってるか？」などと言って、鍋などをご馳走してくれることもあった。ちなみに、この叔父は、後のち聖三の人生に大きな転機をもたらすことになる。

やがて、聖三が野田小学校を卒業する頃には、両親も大阪に戻ってきて、「包丁一本、晒《さらし》にまいて」で有名な法善寺横丁に住むこととなる。有名な水掛け不動尊のすぐそばの家にやっと六人の家族全員が肩を寄せ合って住めることとなった。小学校卒業後、聖三は、浪速区にある市立難波中学校へ進学する。

青春時代を過ごした大阪の街と友情

中学生となった頃から、聖三少年は、これまで世話になってきた人たちに何かお返し

世田谷の伝統校聖ドミニコ学園での毎日

をしなければならない――そのようなことを考えるようになったという。

一九七〇年代前半といえば、すでに高校進学率は九〇%近くまで上昇していたが、中学校を出てすぐに就職する者もクラスに何人かはいた時代である。大学進学率となると四〇%にも届かない。まして、両親と離れて祖父母の厄介になっていたこともある身であるから、聖三の中でそうした思いが芽生えるようになったのも、決して時期が早過ぎることでもなかったのだろう。

聖三は、中学校時代にも二度の転校を経験している。二年生のときに家庭の事情で名古屋市東区の市立富士中学校に転校し、三年生になって再び大阪へ戻り、難波中学校に復学したのである。かつての級友たちは皆歓迎してくれたが、授業が難しくなる時期に転校を繰り返したためか勉強が遅れ、志望していた高校への推薦枠に漏れてしまった。仕方なく、聖三は大阪福島商業高等学校（現・履正社高等学校）へ進学することになった。

現在でこそ履正社高校は進学校として知られているが、当時の福島商業は、口の悪い者からは「エテ商」などというありがたくないあだ名を奉られていた。エテとはエテ公（=猿）の意で、通学時、近くの女子高校のそばを通るたびに、女子高校の金網に引っつき、金網越しに中を覗《のぞ》き込む福島商業の生徒たちの様子が猿を思わせるために、そんなふうに呼ばれていたのだという。

聖三はこの「エテ商」で三年間を過ごした。

あだ名の通りガラの悪い学校で、聖三は入学式の場でいきなりケンカを吹っかけられたという。ところが、入学式後のクラス分けでその男とたまたま同じクラスになり、何となく仲良くなって、そのまま卒業まで友達付き合いが続くことになった。

世間でいわゆる「校内暴力」が騒がれ始めたのは一九八〇年代に入ってからのことで、聖三たちの高校時代には、ガラの悪い連中とはいっても、学校で暴れたり教師に逆らったりということはほとんどなかった。その代わり、「校門から一歩外に出た次の瞬間には、もう何をしでかすかわからない……」という破天荒なところがあった。

校外ではバイクを乗り回したり、OBの運転するクルマに乗り込んで一緒に盛り場に繰り出したり、自由といえば自由、放埒《ほうらつ》といえば放埒な高校生たちであった。地域コミュニティの繋がりが強い土地柄でもあり、OBや学校の先輩たちは皆、後輩の面倒見が良かった。OBといってもせいぜい二〇代前半くらいの年代だが、高校生の聖三にはえらく大人に見えたという。

あるとき、こんなことがあった。放課後、学校近くのたまり場で聖三が腰を下ろしていると、数人の他校生がやってきて聖三の目の前に自分たちの通学鞄《かばん》を置いた。当時流行していた、紙のように薄っぺらく加工した革の鞄である。

「お前、これ持っとけや」

他校生たちは一方的にそう言った。聖三に邪魔な鞄を押しつけて、自分たちはさっさと遊びに行こうという肚《はら》である。

気圧《けお》された聖三は「はあ」と生返事するしかなかった。そこへ、顔見知りの上級生が駆け寄ってきた。応援団に所属している、バンカラ派の先輩であった。ケンカに使う鉄製の大きな数珠《じゅず》をいつも首からぶら下げていて、凄《すご》みのある外見であったという。当時人気だった漫画どおくまんの『嗚呼!!花の応援団』の青田赤道を地で行くような男であった。

「お前ら、誰んとこやってんねん!」

つまり、「こいつは俺の後輩だぞ。誰のところの後輩に向かってこんなことをするんだ」と怒鳴りつけたわけである。先輩はそう言ったきり、聖三に対しては何も言わず、鞄を本来の持ち主である他校生たちに叩き返した。お陰で、聖三は厄介事に巻き込まれずに済んだのであった。

その応援団の先輩は、それからも聖三がクラスの悪ガキ連中に絡まれていたりすると、事あるごとに助けてくれたという。仲間意識の強い友達が多かったが、一歩学校の

中学時代の数少ない一枚

外へ出たら何をしているかわからない友達たちでもあった。

「そういうのも友情だと感じましたね。自分はすごく恵まれていたと思いますよ」

聖三はまた、しみじみとそう述懐する。表現こそ荒っぽく、不器用ではあったが、そうした行動の裏に潜む先輩の他人への本質的な優しさを、聖三は敏感に感じ取っていたのである。

高校時代の聖三は、相変わらず裕福な生活とは縁がなかったものの、それでも夏になると日本でもぼちぼち流行の兆しを見せていたサーフィンを習い覚えたり、あるいはアルバイトをしたりしながら、まずは当時の高校生らしい青春の日々を満喫していた。学業に関しては特に熱心とは言い難かったが、授業に落ちこぼれるほどのこともなく、いわゆる苦学生ではあったが、「価値ある高校三年間を過ごさせてもらいました」と語っている。

だが、そんな高校生活もやがて、終わりの日を迎えることになった。

アルバイトで学費を稼ぎつつ、大学へ

今村が大阪へやってきた一九六七（昭和四二）年といえば、株式会社学生援護会（現・パーソルキャリア株式会社）が首都圏で日本初のアルバイト情報誌「アルバイト

ニュース速報」を創刊した年に当たる。翌一九六八（昭和四三）年には「日刊アルバイトニュース」と誌名を変え、全国展開に乗り出す。今村の高校時代には、地元の書店や駅のキヨスク（当時、コンビニエンスストアは大阪にはほとんどなかった）に毎日新しい号が入荷するようになっていた。

当時、高校生のアルバイトといえば、遊ぶ金欲しさであったり、あるいは社会勉強であったりというケースも増え始めていたが、その一方で、学費を稼ぐ必要上やむなくアルバイトに精を出す苦学生もまだまだ多かったという。

今村もその口であり、高校時代からいくつものアルバイトを精力的にこなしていた。時には、アルバイト先のシフトの関係で学校を休まざるを得ないこともあったという。

中学生の時には両親も大阪へ移ってきており、今村は親元から高校へ通学していたのだが、父親の仕事のほうは相変わらず順調とはいえず、世間一般の高校生たちのように何から何まで親がかりの気楽な高校生活というわけにはいかなかった。

実家がそんな経済状況であったから、今村自身にも「何が何でも大学へ行きたい」というほどの情熱はなく、漠然と「高校を出たら、適当に仕事を探して就職して……」と軽い気持ちで考えていたという。しかし、母親の考えは違っていた。

「聖三、大学へ行きなさい」

そろそろ進路について真剣に考えなければならない時期に来ていたある日、母親はそうきっぱりと聖三に告げた。

「いやぁ、僕が大学なんて……」

聖三は気弱にそう言い返したが、母親の態度はいつになく強硬であった。

「大学へ行きなさい」

「どうしても……?」

「頑張って行きなさい」

しばしの押し問答があり、結局は聖三が折れた。母親の気持ちもよくわかっていた。その時点ではまだそれほどでもなかったが、大学進学率は年々上昇傾向にあった。あと五年、一〇年もすれば、大卒者数と高卒者数は逆転することになる。そうなったとき、聖三がどんな仕事をしているにせよ、最終学歴が高卒では、大卒者に比べてもらえる給料に大きな差がつくことになるだろう。

とはいえ、いざ大学進学を志望するとなると、聖三はいささか困った状況に置かれていた。

大学への推薦枠に入れてもらうには、出席日数が足りなかったのである。アルバイトで忙しかったからだが、そんな言い訳は通用しない。

「毎日が楽しかった」と今村は当時を振り返る

担当の教師に直訴してみたが、「推薦はでけへんわ」とにべもない返事だった。

困り果てた聖三は、それから半年もの間、休み時間になると毎日のように、生活指導や進路指導の教師のところへ通い、時には肩もみをしながら、推薦の枠へなんとか入れてもらえるように、何度も繰り返し懇願したという。しまいには教師も根負けしてこう言った。

「じゃあ、一回試験を受けてみろ。結果次第では考えてやらんことないわ」

こうして教師の気持ちの動かし方を学んだのである。

聖三は張り切って試験に臨んだ。試験は現国、数学、英語の三教科だった。

試験の結果、同じ大学推薦を希望する枠の中で、聖三は現国に関しては四位という成績だった。

「なんや、やればできるやないか」

教師はそう言って聖三の努力を認め、大学への推薦を承諾してくれたのである。

こうして、今村聖三は無事に大学へ進学することができた。

大阪府八尾市楽音寺にキャンパスを構える、大阪経済法科大学である。同大学は一九七一（昭和四六）年四月の開学で、聖三が入学したその年に第一期の卒業生が巣立って

長身の今村はいつも人の輪の中心にいた

いったばかりの、まだ新しい大学であった。

聖三の大学生活はこうしてスタートした。

「アメ車に乗りたい！」その思いで在学中に起業

大阪経済法科大学は、創立者である金澤尚淑博士の唱えた建学の精神である「経済と法律が社会の両輪」という言葉に則《のっと》って、「経済学部」と「法学部」の二つの学部で構成された大学である（ずっと後年になって、二〇一六年に「国際学部」、二〇一九年に「経営学部」が増設された）。

聖三が入学したのは法学部法律学科である。ここで、聖三はその後長きにわたって交流を続けることになる〝親友〟と巡り合うことになった。

この親友というのは在日韓国人で、実家はパチンコ店を営んでいた。以前はずいぶんとヤンチャをしたと聞いているが、大学に入ってからだいぶ落ち着いたらしい。

聖三はこの親友と共に、様々な体験をすることになった。親友に連れられて、あちこちのディスコで遊び回ったこともあった。足かけ三カ月にわたって軽井沢をはじめとする関東地方に旅行したこともあった。親友の一家は各地に親戚がいて、旅先ではいろいろな親戚の家に行ったという。

親近感をもってくれたものか、普段は日本人を受け入れないような家でも快くもてなしてくれた。初めての家で韓国風の食事を振る舞われていると、親友は「今村、入れてもらえたな」と嬉《うれ》しそうに笑った。「普通だったら、日本人は入れてもらえないんだぞ」とも。

聖三はそれまで、日本人とか韓国人とかいうようなことはほとんど意識していなかったものの、話はいろいろ耳にしていた。韓国人である親友やその親戚たちが、日本人に対してどんなふうに考えているか、気にならないこともなかったが、少なくとも彼が直接見聞きした限り、彼らは皆、気のいい親切な人たちであった。

「なんだ、日本人も韓国人も差はないじゃないか」

今さらのように、それを認識することになったという。

大学に入ってからも、聖三は忙しくアルバイトに明け暮れていた。両親と同居しているとはいえ、相変わらず金銭的には余裕がなく、学費を稼ぐ必要があったからだ。高校時代から通算すると、ざっと四〇種類以上のアルバイトを経験したという。

だが、朝から晩まで働いても、月収はせいぜい二〇万円にも届かない。大学に授業料を払って、家に生活費を入れ、毎日飲み食いしていれば貯金などできなかった。聖三の大学時代は、第一次オイルショック後の不況の時期とちょうど重なっている。現代の格差社会ほど極端ではないにしろ、すでに高度経済成長期の「一億総中流」の幻想は過去のものとなりつつあり、同級生にも聖三のような苦学生は珍しくない。苦労して進学したものの、学費が続かなくて中退する者も少なからずいた。

　聖三はこの頃には自動車免許を取得していたが、これは、どちらかといえば「アルバイトを探すときに職種の選択肢が増えるから」という実利的な目的が大きかった。「かっこいいクルマを乗り回して、女の子と遊びに行く」などという、金持ちの大学生のような気楽な身分ではなかったのである。とはいえ、ハンドルを握っていれば、年齢相応の若者らしい夢も当然生まれてくる。

「いつかは、アメ車を乗り回したいなぁ……」

　同世代のサラリーマンたちが「いつかはクラウン」を合言葉にしていた頃、聖三の夢のクルマは、かつて外国映画を観《み》て憧れたフルサイズのアメ車であった。

　漠然と夢見るだけなら、誰でも同じようなことを考えたに違いない。しかし、聖三は、夢を夢のままで終わらせたくなかった。ヤナセに友人がいたこともあり、実際にアメ車を購入するという目標を立て、販売価格を調べ、そのためにはどのくらい稼げばいいのかと、具体的に計画するようになったのである。

時折、祖父とともに外出した。

少なくとも、今までコツコツやってきたアルバイトではとても足りない。では、どうすればよいのか。

「自分でビジネスを始めるしかない……」

当たり前のようだが、それが結論だった。どこかの大富豪の遺産が転がり込むとか、宝くじで一発当てるとか、労せずそんな大金が手に入る当てなどなかったのだから、聖三としてはそうするしかなかった。

だが、自分でビジネスを始めるにしても、ある程度の自己資金は必要だし、何より人脈も欠かせない。どちらも、アルバイトに明け暮れる貧乏大学生には縁遠いものだ。では、どうするか。

あれこれと考えていた頃、例の韓国人の親友と遊びに行ったディスコで聖三はヒントを掴んだ。

ディスコは、それ以前の生バンドの演奏を主体とするダンスクラブからレコード（ディスク音源）による伴奏に切り替えたもので、聖三が大学生となった一九七〇年代後半（昭和五〇年代前半）は第二次ディスコブームの最盛期であった。ディスコの花形ともいうべきディスクジョッキー（ＤＪ）は、初期には手の空いているクラブの店員が交代で担当していたが、この頃にはどの店にも専門のＤＪが何人かいて、それぞれ個性

愛車のステーションワゴン「マーキュリーコロニーパーク」

とテクニックを競い合って店を盛り上げていた。

これは余談だが——聖三も一時期、ある先輩のヘルプとしてアメリカ村のディスコでDJをしていたことがあり、当時は「チャッピー」というジョッキーネームを名乗っていたという。つまり、聖三にとってディスコは、単に客として遊びに行くだけの場所ではなかったということである。

聖三は、その頃、年上だが最も仲の良かったサーファー仲間の腰添健氏（健ちゃん）にいろいろなことを相談していた。ある時、ディスコの場所を利用したビジネスのアイデアを思いつき、そのディスコの責任者に健ちゃんと一緒にアイデアが実現できないか交渉してみることにした。

「——お店の営業時間外に、この場所を貸してもらえませんか？」

ディスコの営業時間は基本的に夜から明け方にかけての時間帯である。朝、店を閉めて掃除をしてしまえば、その日の昼から夕方までは誰も使わない。すなわち、一円の利益も生んでいない。

当たり前のことだが、店舗自体は二四時間そこに存在し続けている。にもかかわらず、空き時間があるというのは、非常にもったいないことではないか。だったら、空き時間に店の施設を使用させてもらえばいい。開店時間は一八時だったから、昼は一一時からとして一七時までざっと六時間だ。その空いた時間を利用して会費型のパーティービジネスをやってみたい。すでにある店舗を借りるのだから、一から場所を借りる必要もないし、費用も手間も大してかからない。店にとっては、空き時間に多少なりとも収益が上がるし、場合によってはディスコの新たな客層を開拓することにも繋がる。双方にとって損のない話のはずだ。

もとより聖三なりに十分な成算をもって臨んだのだが、交渉は予想していた以上にとんとん拍子に運んだ。

「ええよ、貸してあげる。使ってみ」

使用料は、六時間で一〇万円だった。聖三には、それが高いのか安いのかもよくわからなかったが、その時の彼には「アメ車を買う」という目標があった。一〇万円払って、三〇万円稼げばもうけは二〇万円、五〇万円稼げば四〇万円だ。一〇〇万円稼げば……そう考えただけで、聖三の胸は弾んだ。

かくして、今村聖三はそのビジネス人生の第一歩を踏み出したのである。

第二章

極めるまではやめられない！
チャレンジを続けた日々

カフェバー「パーティ」の夜の部を任される

ディスコ店舗を時間賃借しての独自のビジネス――今村聖三がスタートしたのは、店舗を会場とするパーティビジネスであった。

通称「ワイワイパーティ」。

大学生が会場を借りてパーティを主催し、パーティ券を売って収益を得ること自体は、一九六〇年代にはすでに一部の裕福な学生たちの間で行われていた。当時は生バンドの演奏によるダンスが主流であり、参加者は「友だちの友だち」といったかたちで相互に間接的な繋がりで結ばれていたから、ビジネスというよりは遊びの延長線上にあった。

それに対して、今村が健ちゃんと共同で始めたものは、ディスコの常連客を中心に不特定多数の幅広い集客が可能となり、パーティビジネスと呼ぶにふさわしい形式であった。これより一〇年ほど後、バブル景気が最盛期を迎える一九八〇年代後半から一九九〇年代初頭にかけては、全国各地で多くの大学生たちが同様の形式のパーティビジネスを盛んに手掛けるようになる。だが、今村たちがワイワイパーティを始めた当時、世の中のほとんどの人間はまだその可能性に気付いていなかった。ある意味、彼らは時代を先取りしていたと言えるだろう。

七〇年代後半のリゾートブームの中で海への関心が高まっていく。

ワイワイパーティでは、女性は一人一〇〇〇円、男性は一人三〇〇〇円の価格設定でパーティ券を売り、男女合わせて毎回三〇〇人前後の集客があったという。健ちゃんが有名なサーファーをお客さんとして呼んでくることもあって、店は評判となり大盛況であった。

「経験上、女子学生を一〇人集めたら、男性は三〇人くらい集まりましたね」

今村は言う。パーティはディスコ形式で、「チャッピー」こと今村自身がDJを務めることもあったが、集客のために彼の人脈で有名なDJをゲストに呼ぶことも多かった。当時、FM大阪を中心に関西のラジオ各局で活躍していた「マーキーさん」こと谷口雅之氏などもその一人である。

この企画は大いに当たった。ワイワイパーティは、健ちゃんが中心となり、今村が補佐しながら、全員で五人ほどで運営した。一回当たりの収益は三〇万~六〇万円。四時間ぐらいのパーティの運営で、健ちゃんから分配される利益は、一人につき六万円から一二万円程になったという。今村は言う「健ちゃんには、サーフィンだけでなくビジネスも学ばせてもらいました」。

大卒初任給が額面一〇万円にも届かなかった時代である。週に一回開催すれば、それだけで月に三〇万~四〇万円は稼げるのだから、これはもう、立派なビジネスと呼んで

アルバイトを始めた頃の今村

いい。

「こういうかたちで、もっと仕事を増やしていけばアメ車に乗れる。これはいけるな、と」

今村は確信した。これは商売になる、と踏んだ以上、今村はより積極的にワイワイパーティのビジネスを拡大していった。冬場には女子大生に声を掛け、スキーバスを仕立て、栂池《つがいけ》などのスキー場へ繰り出すツアーを開催したりもした。

「女子学生二〇人くらいに声をかけると、もう、四〇人くらいは集まります。あまり多いとバスに乗り切れませんから、定員オーバーになると『申し訳ないですけど、今回は……』と言って、お断りしたこともあったほどでした」

栂池では、昼間はスキー三昧、夜は地元のディスコへ繰り出して——と、参加者が一日中楽しめるようにプログラムを組んでおり、主催者側である今村たちも大いにツアーを満喫したという。無論、大人数でのツアーだけに、時には参加メンバー相互の間でちょっとしたハプニングなどもあったが、深刻なトラブルに発展するようなこともなく、収益もおおむね順調に上がっていった。

かくして、本格的な就職活動が始まる大学四年生になった頃には——現在とは違って、大学二、三年生の段階から就活にあくせくする時代ではなかった——今村は「商売とはこういうものか」という実感を得ていたのである。

一九七九（昭和五四）年三月、今村聖三を除いて、同級生のほとんどは大阪経済法科大学を卒業していった。

その年の一月に勃発したイラン革命に端を発する第二次オイルショックの影響もあり、当時の大卒者の就職戦線は必ずしも順風ではなかったようだが、今村は会社訪問に明け暮れる同級生たちを尻目に、ワイワイパーティの運営に余念がなかった。その結果、卒業に必要な単位を取得することができず、留年してしまったのである。

しかし、本人には特に焦りはなかったようだ。大学生という公的な身分がある以上、とりあえずは社会の一員として世間から存在を認めてもらえる。なまじ、就職が決まらないまま大学を卒業してしまい、就職浪人という宙ぶらりんな身分になるより、留年してもう一年大学生をやっていたほうが、よほどましな状況であるはずだった。とはいえ——そうやって暢気《のんき》に構えていたおかげで、「もう一年」では済まなくなったのであるが……。

そんな時期に、今村はある人物と知り合った。繁華街で何軒もの飲食店やディスコを手広く経営しているオーナーであり、今村の人柄とその商才を見込んで、こんな話をもちかけてきたのである。

「近頃、『カフェバー』という業態が評判になっている。今村君、やってみる気はないか？」

カフェバーとは一九八〇年代初頭に東京で生まれ、瞬く間に全国へ波及した飲食店の新しい業態である。西麻布の「レッドシューズ（RED SHOES）」や渋谷の「ソーホーズ（Soho-'s）」などが、カフェバー黎明《れいめい》期の有名店として知られる。「レッドシューズ」の扉には「cafe & bar」と書かれており、これがカフェバーという名称の由来となったとされる。流行の最先端を行くお洒落《しゃれ》な内装と、「バーでありながら、ケーキやコーヒーも提供する」というサービスが注目され、深夜営業を行い、六本木あたりのディスコで遊び疲れた若者たちが始発電車を待つのに大いににぎわっていた。

ちょうどその頃、今村は、高校時代から続けていたサーフィン熱が再燃し、時間を見つけては浜辺に繰り出していた。健ちゃんの紹介や、浜で偶然一緒したプロサーファーに今村の方から積極的に声をかけて、多くのプロサーファーとも交流をもち、彼らの影響にどっぷりはまっていた時期でもあった。だから、カフェバー経営を打診された時、今村は「自分でやるなら、サーファーが集まるような店をつくりたい」と考えたのであった。

オーナーに連れられて今村が件《くだん》のカフェバーへ行ってみると、そこは壁一面にバドワ

現在も親交のある腰添健氏（日本プロサーフィン連盟・元理事長）とLAを訪れた際のスナップ

健ちゃんとは、LAのディズニーランドにも一緒に旅行した。

イザーやハイネケンなどの外国産ビールの空き缶で飾りたてた、当時としてはごくありふれた内装の店舗であった。これではありきたりで面白くない――そう感じた今村は、壁の装飾類をすべて外し、自分なりのセンスで内装を一から造り替えることにした。

店は、大阪市天王寺区にある清水谷公園の前にあった。清水谷町は、中央区谷町と天王寺区の玉造本町のほぼ中間に位置し、長堀通沿いの大阪府立清水谷高等学校からやや奥まった場所に清水谷公園がある。駅前の繁華街からは少し離れているが、周辺はやや雑然とした住宅街となっており、個人経営のこぢんまりとした店舗がポツポツと点在していた。

その店名は、「ワイワイパーティ」の流れを汲《く》んで、「パーティー」と名付けられ、今村はその夜の部の運営を任された。

昼間は女性、夜は男性の従業員をアルバイトで雇って接客や調理を任せ、今村自身はフロントに立ってカフェバー「パーティ」が営業を開始すると、たちまち近隣の若者たちの評判となり、また、その頃はサーフショップ「ナチュラルアート」のオーナーでもあった健ちゃんのおかげで「プロサーファーが集まる店」としてマスコミにも取材されるようになった。今村は言う。

「開店直後は、よくお客さんの呼び込みもしていました。店の前を通りかかったお勤め

LAではさまざまなサーフブランドの展示会を訪問し、西海岸のトレンドを日本に伝えようと努力した。

帰りのお客さんに、『今日もお仕事お疲れさん。ちょっと寄っていってよ』なんて声をかけると、『おお、飲んでいきますわ』みたいな感じで……。私は思うんですが、やはり、人と人との付き合いが一番大事なんですよね。店をやっていると、学校やら仕事先やらでお近づきになったいろいろな先輩たちも来てくれますから。皆さんには、とてもかわいがっていただきました」

店長である今村の人脈に加え、その人懐こい性格とあいまって、店は連日連夜満席となる盛況であったという。

サーフィンにハマり、プロをめざす

人気のカフェバーを店長として経営する傍ら、今村は以前にも増して趣味のサーフィンに熱中するようになっていた。否、それはもはや「趣味」という領域にはとどまらなかった。

今村聖三はこの時期、本気でプロサーファーの道を考えていたのである。

社団法人（現・一般社団法人）日本プロサーフィン連盟（ＪＰＳＡ）が設立されたのは、一九八一（昭和五六）年四月一日のことだ。業界団体としてはこれより以前、一九六五（昭和四〇）年に設立された日本サーフィン連盟（ＮＳＡ）が存在したが、こちらは日本でまだプロサーファーという職業が成立することなど考えられてもいなかった時代に、アマチュアスポーツとしてのサーフィンの普及をめざして旗揚げされた団体である。それがこの時期、ＪＰＳＡが設立されたことにより、全国のサーフィン愛好家たちの間で、プロスポーツとしてのサーフィンという新たな可能性が拓《ひら》かれたのであった。

前述した通り、今村は高校時代、日本においてサーフィンが流行の兆しを見せ始めた一九七〇年代半ば頃からサーフィンを嗜《たしな》んでいた。大学入学後もそれは変わらず、むしろ経済的にある程度の余裕ができたこともあって、ますますサーフィンにのめり込むようになっていた。

四方を海に囲まれた日本だが、サーフィンが許可されている浜辺は限られている。そうした浜辺で、今村は健ちゃんの紹介で多くのプロサーファーと面識を得た。また、陽気で遊び好きのサーファーたちは、夜になると盛り場へ繰り出す者も多く、店で今村と顔を合わせることもあった。

その頃今村が知り合ったプロサーファーの中には、日本人プロサーファー第一号であり、「ドジ井坂」のニックネームで世界中のサーファーに親しまれた井坂啓美氏や、後にＪＰＳＡ理事長を務めることになる腰添健氏など、日本トップクラスの著名人もいた。

ドジ井坂氏は、今村と知り合った一九八〇年頃にはすでにプロサーフィン競技活動から引退していたが、今村と一緒にディスコへ繰り出したこともあり、今村の経営するカフェバー「パーティ」にも顔を出してくれたという。井坂氏の取材に来た関西発の「月刊TAKE OFF」というサーフィン雑誌が、「パーティ」の店内で写真を撮影したこともあった。

当時、腰添氏が大阪で店舗展開していた「ナチュラルアート」というサーフィンショップが「パーティ」の近くにあったこともあり、お互いに店を行き来するなど親しく交流していた。また、この二軒の店で提携し、「パーティ」は「ナチュラルアート」の社外部のような位置付けとなった。腰添氏のほうが数歳年長であったが、今村は親しみを込めて「健ちゃん」と呼び、それから四〇年近く経《た》った現在も交流があるという。

「パーティ」の店長をしていた頃、今村はサーフィン歴がかれこれ五、六年となっていた。当時、今村が参加していた大阪サーフィン連盟（ＯＳＡ）の公式戦では、選手の技量によって1Aクラスから始まって2A、3Aとクラス分けされており、3Aクラス以上が「プロ」と認定されていた。今村は2Aクラスで上位を競っており、あと一歩で3A昇格というレベルまできていたという。

プロをめざす今村は、大きな波を求めて海外へも行った。しかし、ビッグウェーブ

自らが所属したサーフチーム「ナチュラルアート」のメンバーと

で有名なハワイのノースショアでサーフィンをやっていたとき、自分の肩までの背丈しかないちびっこギャングが来て、「it's my wave! Get out」と言われ、足もすくむような大波に何度も果敢に挑み、自在にボードを操る姿を見たとき、彼我の技術の差に愕然と気付かされた。

「これだけ差があるんやったら、もうあかんな。もうやめよう。そう思って、もうその次の日から――いや、その日からやめましたよ、プロを目指すサーフィンは」

今村はそう言って笑う。今村をして、そこまで言わしめたハワイのサーファーとの技術格差は、幼少時からの生育環境の違いによるものだ。ハワイでは朝、学校へ行く前に子どもたちが浜辺に来て、ひとしきり波に乗っていく。学校帰りにもまた、浜辺に顔を出す。日本人の子どもが、学校の行き帰りにサッカーボールを蹴るような感覚に近いかもしれない。親は、そんな子どもたちを叱るどころか、サーフボードを積んだクルマで送り迎えし、背中を押してやる。日本とは違った意味で教育熱心なのだろう。

――ちなみに、「やめた」というのは、プロをめざすサーフィンをやめた、という意味である。遊びのサーフィンはその後も続けているという。

「何ごともそうなんですけど、私はどうも昔から、自分が極めなければやめられないタイプなんですよ。語学の勉強でもそうですし、アルバイトの皿洗いでもそう。サーフィ

サーフィンを楽しむ今村

ンもそうでした」

一つのことを始めたら、そのことを極めるまではやめられない――というのは、比喩ではない。今村は高校時代、ある飲食店でアルバイトしていたときに、皿洗いのやり方をめぐって店長と対立し、本気で口論になったこともあるという。今村は言う。

「おかしいでしょう？　でも、本当の話なんです。よく、そういうことでケンカになったりもしました」

その後、さらにもう一年留年した今村は、一九八一（昭和五六）年三月、六年がかりでようやく大学を卒業することができた。

大学卒業と前後して、今村はカフェバー「パーティ」の経営からも手を引くことにした。店は変わらず繁盛していたし、経営の仕事は面白かったが、昼夜逆転の生活であったし、これが自分の一生の仕事であるとはどうしても思えなかったのである。

自分の好きなファッションを売るため服飾繊維卸商社へ

大阪経済法科大学の卒業を控え、今村は、現在では大手へと成長した総合服飾メーカーA社への就職を前提とした研修を受けることとなった。現在ではインターンとも言われるが、当時も互いの向き不向きを確かめるため、卒業前に研修の名目での学生を受け入れる会社があった。せっかく採用した学生が他社へ流れるのを引き留める狙いも多分にあった。

現在は一流会社へと育っているニット婦人セーターの卸売業として創業した同社は、当時はメンズ商品の取り扱いを始めてまだ数年目、株式も未上場という時期であった。

四年できっちり卒業した今村の同級生たちが第二次オイルショックの不況で就職難に苦しんだのに対して、それから二年遅れて今村が卒業する頃には、日本経済はある程度もち直していた。無論、学部や地域によって差はあったと思われるが、少なくとも当事者である今村の言によれば、この年の新卒者は、企業側から勧誘の電話がかかってくるほどだったという。

そうした入社勧誘の電話の中から、今村がA社を選んだのは、アパレル業界に入って、自分のセンスで海外のお洒落なファッションを輸入販売したい、という願望があったからだという。当時の今村は、いわば男子大学生たちのファッションリーダーであった。女子学生たちを集めてくるパーティビジネスやカフェバー経営、あるいはプロサーファーやディスコのＤＪたちなど、時代の最先端をゆくセレブリティたちとの付き合いを通じて磨かれてきた自分のセンスに、今村は自信をもっていたのである。

ちなみに、A社に入社する前、まだ大学生であるうちに、今村はベンツを手に入れていた。「メルセデス・ベンツ ミディアムクラス／W123 300D」――当時、発売されたばかりの新古車である。プロサーファーになる夢は諦めた今村だが、外車を乗り回す夢は、ステップアップしベンツのオーナーとなったわけだ。今村は言う。

「手に入れた時には『買えるもんやな』と思いました。元々ベンツに乗ろうという気持ちは強くなかったが、ヤナセの知り合いを訪ね、ベンツを見たとき、新たな自分の夢がイメージとして湧き上がるわけですよ。ディーラーへ行って、シートに座らせてもらって、その瞬間に『自分のベンツを手に入れよう。自分の隣に彼女を乗せてみよう』というふうにね。未来の自分はそうなる、と思い込んでいると、夢が現実になるんです。『夢は逃げない。逃げているのは自分だ』という言葉がありますが、あれはその通りなんですよ」

そんな今村が、ベンツオーナーの次に夢見たのは、「日本にアメリカンカジュアルのブームを巻き起こしたい」ということだったようだ。「ようだ」というのは、今村自身がその通りに口にしたわけではないからだが、おそらくこの時期、今村が敢えて未経験で畑違いのアパレル業界に飛び込んだのは、彼自身が旗を振って新たなムーヴメントを創出したい、という熱い思いを胸に抱いていたからではなかったか――。ただし、後述するように、今村は結局、この夢を実現することなく他業界へと転職することになるのであるが……。

ところで、A社は会社の成長期にあり、急速な発展を支える優秀な社員を早くから取り込もうと研修の名目で今村以外にも学生を受け入れていたが、これといった仕事はなく、主に座学を中心とする研修であった。この時期のことを今村は「ずっと部屋で本を読んでいて、最後に感想文を書いて提出するだけの毎日でした。『こんなことをしていていいのかな?』と思っていました」と回想する。今村にとっては、刺激に乏しい退屈な毎日だったようだ。

そんなある日、研修中の新入社員たちにあてがわれた部屋に、当時部長職にあった高木氏(仮名)が姿を見せた。

「運転できるヤツ、おらんか? ボルボの2ドアなんやけど」

退屈な研修の日々に飽き飽きしていた今村は、「はい、できます」と率先して手を挙げた。

「じゃ、一〇日くらい頼めるかな?」

「承知しました」

今村は即答し、そのまま部長の後について駐車場へ行くと、ボルボの運転席に収まり、ハンドルを握ることになった。スウェーデン製のボルボは、輸入車でも日本と同じ右ハンドルだ。ボルボの運転席は北欧家具調のいかにも高級感ある内装で、慣れない若者であれば緊張したかもしれないが、当時すでにベンツ300Dをマイカーとして乗り回していた今村にとっては、助手席に部長がいることを除けば、ことさら緊張することもなかった。

こうして臨時の部長付き運転手となった今村は、命じられるままにハンドルを握りながら、部長といろいろな会話を交わした。

「――君は、うちの会社でどんなことをやりたいんや?」

「アメカジを――」

問われるままに、今村はA社を志望した理由や将来の夢について口にしていた。

アメリカンカジュアルを売りたい。クラッシュデニムのジーンズであるとか、ALPHAなどのいろいろなブランド商品を仕入れて、どんどん売っていきたい。できれば、サーファーに人気のボディのサイドを木目調にしたアメ車のステーションワゴンのようなクルマに積んで走らせながら売り歩きたい――。

学生時代の今村は、よく神戸の高架下の古着屋へ足を運び、好みのアメカジブランドの古着を安く手に入れては自分なりにアレンジして着こなしていた。当時、今村が穿《は》いていた太めのクラッシュジーンズを見て、周囲の者たちは「それ、いいな」、「自分も欲しいな」、「どこで売ってるの？」と口々に訊《き》いてきたものだ。そのことが今村には少々照れ臭くもあったが、同時に誇らしさも感じていた。

これからは、そういうものが売れる時代なんじゃないか。皆、そういうものを欲しがるようになるんじゃないか――そんな、若者らしい自負もあった。そして、ゆくゆくはアメリカ村で人気のヒット商品を手掛けていきたい、と本気で考えていた。

部長は黙って頷《うなず》きながら今村の話を聞き、そして言った。

「ええやん。それ、入社してやってみいや」

部長は今村のアイデアを大いに評価してくれた。実際、部長はアメリカへ出張した際に今村の話の可能性を探るべく、現地の状況を確認し、今村のアイデアが十分に日本という市場に受け入れられる余地があることを見極めた。

これは、絶対、日本で売れる。

帰国した部長は、今村の意見を聞きながら、アメカジを商品化すべく社内調整を開始した。

しかし――結論から言えば、今村のアイデアが日の目を見ることはなかった。部長は、今村のアイデアを強く支持したものの、その上役の本部長が難色を示したのである。

一介の入社前の学生に過ぎない今村のアイデアをとるに足らぬものと考えたのかもしれない。おそらく当時の同社の売れ筋は、イタリアをはじめとするヨーロピアンカジュアルがメインストリームであり、まだ、鉄板の商品・商権をもたない同社としては、主力商品を分散化し、未知数のアメカジに注力するのは時期尚早と判断したのかもしれない。

部長は、その上司である本部長より、強い反対を受け、アメカジの商品化という今村のアイデアの実現を結果的に断念せざるを得なかった。本部長の部長に対する冷ややかな反応を聞いて、今村は、服飾関係の業界全体がこんな感じなんだろうなと思った。

「だったら新しいアイデアを取り上げてくれない服飾関係の会社への就職は辞めて、学生時代のように、自分のやりたいことをしながら稼ぎたいという気持ちがすごく強くなりました。『やっぱり違うな』という感じでした。」と今村は話す。

今村が「就職を辞退します」ということを申し出ると、部長は熱心に引き止めたものの、今村の意志が固いのを知って諦めたようだ。今村が後に聞いた話では、部長自身もそれから間もなくしてA社を去ったという。

A社はその後も成長と発展を続け、大阪証券取引所市場第二部上場を果たしたのを皮切りに、現在は東京証券取引所市場第一部上場企業となり、その間、海外進出や多業種展開などにも積極的に取り組んでいる。あるいは、今村があと一〇年もA社で辛抱していれば、周囲の風向きも変わっていたかもしれない。

だが、今村聖三はその時の決断を、当時も、今も、まったく後悔などしていないという。

叔父の会社の手伝いで不動産業に足を踏み入れる

本来入社すべき、四月直前となって入社をとりやめた今村は、その後しばらくの間、水泳のコーチやその他のアルバイトで食い繋いでいた。アルバイト暮らしは高校・大学時代から慣れたものだったし、自分の食い扶持《ぶち》を稼ぐくらいは今さら何でもなかった。

とはいえ、そのままずっとフリーターを続ける気は毛頭なかったから、いずれはファッションに代わる何らかの生業《なりわい》に就くことは考えていたという。

そんな時、今村に声を掛けてきたのが、彼の父方の叔父であった。

「遊んどるんやったら、どうや？　うちに来いへんか？」

この叔父というのは、かつて小学生時代の今村が世話になった豊中市の祖父母の家にしばしば訪ねてきて、夕食をごちそうしてくれた。父親の末弟である。当時はまだ独身で、今村と弟に鍋をご馳走したりしてくれたという、あの叔父のことだ。今村が大学生の頃には、叔父はゴルフ用品ショップを経営しており、今村も「ワイワイパーティ」運営の合間に、アルバイトで働かせてもらったこともあった。

そして、この時、久びさに再会した叔父は、知人と一緒に不動産会社を立ち上げて共同経営者に収まっていた。

叔父がいた会社は和興建設株式会社といい、阪急電鉄宝塚本線の豊中駅の近くにあった。社名には「建設」とあるが、メインとなる業務は不動産仲介業である。

「入社当初はそれこそ、不動産業の休日の水曜日も休めないくらい忙しい日々でした。この会社に入社して最初の五年間は、もう、ほとんど軍隊のような感じでしたね」

今村は、和興建設での五年間を振り返って、そのように総括した。アルバイトのように気楽な立場でもなく、今では許されないが、当時の給与は、固定給はなく成果報酬であるフルコミッション制で、上げた利益の四〇%がもらえるというものだった。経営者のように裁量権があるわけでもなく、組織の一員として与えられた職責を果たす「正社員」としての働き方は、確かに軍の下級兵士に期待される働き方に似ているかもしれない。当時もそうした働き方は世間からも軽視されており、今村としても決して歓迎していたわけではないだろうが、一度入社したからには、叔父の顔をつぶすわけにもいかない。それに、今村自身、不動産の仕事には前々から興味をもっていたので、この機会にできるだけ経験を積み、勉強しておこうという思いもあった。

今村が任された仕事は、不動産の仲介営業であった。不動産仲介のプロセスを追っていくと、まず「物調」。業者を回り、いち早くお客様のニーズにあった物件を探しに行くことだ。次に「物確」すなわち物件確認、リストの物件の現地へ行って自分の目で確かめる作業だ。それから「訪問」の順となり、見込客の元を訪ねて商談する作業となる。

仲介営業は、原則として新聞の折り込みなどのチラシ配布に対する反響営業である。チラシを見て興味をもった人＝見込客から会社にかかってきた電話を受けるところから始まる。

「はい、和興建設です――」

電話を受けた者は、かけてきた見込客の住所・氏名・電話番号などの個人情報を聞き出し、確実にアポイントを取り付けなければ商談に進めない。社内にはだいたい五、六人の営業マンが待機しており、自分の番でアポが取れなければ、次に順番が回ってくるまでは電話に出ることができなくなる。一日にかかってくる見込客からの電話はせいぜい五、六件だから、営業マン一人に巡ってくるチャンスは一日一回、よくて二回で、ゼロという日も当然ある。数少ない営業チャンスをものにするには、その一日一回の電話を着実に成功させなければならない。

なお、不動産という商品は、何千万円も何億円もする高額商品だから、まったくの冷やかしで電話をかけてくる者はそうそういない。本気の度合いや必然性に多少の違いはあっても、誰もが買う気があって電話をかけてくるわけだから、少なくともアポを取り付けるだけならそれほど難しくはないはずだった。だが、それでも、順調に商談をこなしていく者もいれば、電話口でのやりとりだけで終わってしまう者も中にはいた。今村は言う。

「やはり、しゃべり方が重要になってきます。どういうふうにしゃべったらお客様に興味をもっていただき、『会いたい』と思っていただけるか？『こんな物件ですよ、一回見てください』という話だけでは、お客様は絶対会ってくれません。『引き物件か、それ？』と言われたりします」

「電話の場合、相手の顔が見えませんから、こちらの気持ちが通じにくいですよね。そこを通じるように話すには、例えば、チラシ物件の照会ということでお電話いただいた場合でも、いきなり物件について説明しだしたり、アポを取り付けようとしたりすると、相手の気持ちが引いてしまいます。それより、会話のやりとりの中で私個人のこととか、うちの会社の良いところとかをわかりやすくアピールすることで、話がスムーズに進みやすくなることがあります。対人関係を円滑にするために、常に相手のことを思いやり、不安感があればそれをとことん解消して信頼感を高める。物件の成約以上に人を追いかけることの大事さをこの会社にいる間に勉強させていただきました」

相手のことを思いやるとは、具体的には、「相手が何のために、どんなかたちで、どういう物件を探しているのか？」といったことを丁寧にヒアリングしていくことだと今村は言う。

この当時――一九八〇年代前半という時代は、後世から見れば文字通り〝バブル前夜〟である。まもなく、地価は際限なく暴騰し、ついには泡のように弾けることになるのだが、この時点ではまだまだ健全な地価上昇の範囲に収まっている。同時代を生きている人びとにとっては、地価とは順調に右肩上がりの上昇を続けるものであり、不動産とは堅実な投資商品でしかなかった。

だから、営業マンのほうでも、無理に買わせよう、売ってやろうとガツガツする必要はなかったし、そんな営業では却《かえ》って、売れる物も売れなくなる。相手も離れていってしまう。それよりも、「当社にはたくさん物件がありますから、お客様のご希望にあった物件を探しますからね」という話をしたほうが、相手からの信頼も得られる。たとえ今回は成約に至らなかったとしても、次回以降の商談に結び付く可能性が高まるのである。

和興建設のあった大阪府豊中市は当時、三井不動産や住友不動産、三菱地所、野村不動産など大手不動産会社が軒を並べる激戦区であった。だが、今村が担当した見込客の

中には、

「今、よそから来ている話もあるけど、私としてはぜひ、今村君にお願いしたいから――」

そう言ってくれる人が多かったという。そんなふうに義理立てしてくれる相手には、今村のほうでも遠慮して、値段交渉ができない場合は、手数料を値引きしますなどと申し出ることもあったが「いやいや、ちゃんと三％払うから、もっていってよ」と固辞されることもあった。

「やはり、相手のことを思いながら行動することが大事だと思います。今、会社（＝コーニッシュ）の朝礼でもよくそう話しています」

今村は、母親が心斎橋で商売をしていた頃、「生き馬の目を抜く」というくらいの気持ち、他人を出し抜いてでも素早く利益を得ることを考える人間でなければ、心斎橋のような大都市で商売をすることはできない、という話をよく聞かされていたという。

母親の言いたいことは理解できるし、それが正しかった時代のことも知っているが、

「でも、今は逆ではないかと思います」と今村は言う。

「昭和末期から平成にかけて、他人を出し抜こうという考え方では通用しない時代になりました。

「相手を思いやりながら話を聞くこと」、「相手を思いやりながら話をすること」、「相手を思いやりながら行動すること」、「相手を思いやりながら仕事をすること」この四つが大事だと思います。

そうすることで、相手からの信頼が一〇のうち二でも三でも上がってくれば、だいぶ成功率も違ってきますからね」

今村がそのことを確信したのが、この和興建設時代であったという。

叔父の和興建設に入社したことは、その後の今村聖三の人生において最大の転機となった。

第三章

不動産業を極めるべく、独立を果たす

和興建設に入社し、一カ月目には初売り達成

今村聖三が叔父の誘いで入社した和興建設株式会社は、当時、雨後の筍《たけのこ》のように次々と設立されていた不動産仲介業の会社であった。

今村の叔父は、その頃、不動産業で成功を収めている人たちと親しく交流しており、いろいろと景気のいい話も聞いていたことから、知人と和興建設を立ち上げたのである。

誘いを受けた今村は、「これは何だか面白そうやな……」と、比較的軽いノリで入社することにした。

給料はいわゆるフルコミッション制であったという。要するに、売上を上げると利益の四〇%が個人の報酬となるが、売上がなければ収入はゼロだ。ガソリン代は会社で負担してくれるものの、移動は自前のクルマであり、電話代などの必要経費を請求されないだけでも御《おん》の字というところだ。ベテランの営業マンならともかく、未経験の新人には過酷極まりない条件といえたが、今村はそれもすべて委細承知の上で引き受けることにした。

最初のうちは、前述した「物調」、「物確」にひたすら精を出す毎日であった。物調の場合、付き合いのある業者を訪ねて情報を交換し、仲介できる物件をリストアップして

いく。これが多いときで一日六〇件以上となる。業者のところでもらった図面の裏に、現地の地図を入れて印刷し、手持ちの物件資料を作る。ある程度数が集まったところで、現地へ足を運び、今度は物確を行う。

そうして入社から一カ月ほど経《た》った頃、初めてのお客様から反響があった。チラシの反響営業で、今村が大手流通チェーンの研究所に勤めているある人物の担当となったのである。今村にとって初めての見込客であった。

「チラシに載っていたこの物件について話を聞きたいんだけど――」

そう問い合わせてきた物件は、一六八〇万円という破格値のついた中古住宅であった。当該物件自体は確かに実在するものの、もろもろの条件からお勧めできないものであった。今村はそのことを丁寧に説明した上で、相手の要望を細かくヒアリングし、彼が抱えていた別の物件を提案してみることにした。

「実は、こういう物件も扱っています。こちらは不良債権の物件で、物件自体は、お客様のご希望の条件に見合うものだと思います。一度ご覧になりますか？」

価格は、三六八〇万円であった。問い合わせてきたチラシの引き物件に比べれば二〇〇〇万円も高い。しかも、人によっては忌み嫌われることも多い不良債権物件だ。

ただし、それ故に、これだけの規模と築年数・立地条件を備えた物件としては破格値となっていた。仮に不良債権物件でなければ、当時の相場で四五〇〇万円から五〇〇〇万円近くはしたはずである。

今村には、相手が気に入ってくれるはずだという自信があった。そして、その自信は裏切られなかった。相手は、「ともかく一度見せてくれ」と言った。今村が現地に案内すると、相手は物件の外観と周辺をひと通りチェックしただけで、おもむろにこう言った。

「これ、買わせてもらいますわ。安いし、ええやんか！」

今村の予想以上に話はとんとん拍子に進んだ。

「よっしゃ、買うわ」

それで話は決まった。今村は入社一カ月目にして、首尾よく初売りを達成したのであった。

売値は三六八〇万円から五％値引きして三五五〇万円。これが今村の和興建設における最初の売上実績となった。和興建設は売主ではなく仲介業者であるから、仲介手数料として約一〇〇万円を受け取り、このうちの四割、四〇万円が今村の受け取る報酬となった。

その日は、午前中にまず問い合わせのあった一六八〇万円の引き物件の説明をして現地へ見せに行き、そのまま事務所へは戻らずに件《くだん》の不良債権物件まで案内したのが昼過ぎ。それから事務所へ戻って、午後三時頃には申込書に記入してもらうことになったという。バブル前夜の好景気が背景にあったとはいえ、今日ではちょっと考えられないほどのスピード感である。今村聖三は言う。

「そのお客様とは、その後も長くお付き合いいただいております。『今村君、会社を辞めてうちの会社に来ないか?』なんてお誘いいただいたりもして。それから一〇年以上、引っ越しされることもなくずっとその家に住み続けておられて……。最近、新しく建て替えることにしたそうです」

この最初の顧客に限らず、今村は和興建設時代に自分で売買した物件のその後の様子をよく見に行っていたという。売ったら売りっぱなし、という仲介営業も少なくない中で、なかなかできないことではないか。そうして見に行くと、今村の顧客は勤め先で順調に出世したりして、比較的短期間で買い替えをした人なども多く今村から買った家は出世家と言われた。

今村は満足げにそう語った。

住宅バブルと、その崩壊

初売り後の今村聖三は、だいたい見込客五人に一人のペースで順調に成約を取り付けていった。初売りを決めた顧客からは、こんな言葉をかけてもらったという。

「今村君の気持ちが嬉しいんや。もう、他の不動産屋さんとは全然違う。全部オープンに話をしてくれるんが、お客としてはいちばんありがたいんや……」

この顧客にはいろいろなことを教わったという今村は、その後の営業でも初心を忘れず、それこそ事故物件であることとか、自分や売り手側にとって不利になるような情報であっても包み隠さず話す、というスタイルを貫いていった。

「相手はお年寄りの方も多いですからね。私のような若造が何か隠そうとしても、どうせ見抜かれてしまいます。だから、隠しごとはしないで、全部オープンに話します。その結果、お客様に信頼していただけるようになっていったのだと思います」

売上を上げ続けなければ収入がない、フルコミッション制の厳しい報酬体系の中で、今村はそんな自分自身の信念を守りながら着実に稼いでいったのである。

今村聖三が和興建設に入社して、瞬く間に数年の歳月が流れた。

この間、日本経済は史上類を見ないほどの好況を博していた。世にいう〝バブル景気〟の到来である。

一九八〇年代末期、バブル景気の日本は、後世から見れば異常なほどの盛り上がりを見せていた。東京二三区内を中心に、地価は天井知らずの急上昇を続け、一年で五割を超える上昇幅を記録することも珍しくなかった。例えば五〇〇〇万円で買った物件が、右から左で七〇〇〇万円から八〇〇〇万円、更には一億円と非常識なまでの高値をつけて売却できた時代である。

東京に限った話ではない。大阪も、名古屋も、あるいは横浜も、札幌・仙台・広島・福岡といった地方の代表的な大都市でも、相場の地域差こそあれ、地価は軒並み上昇を続けていた。

不動産業界は、もっとも直接的にバブル景気の恩恵を受けた業界だったといえるだろう。

不動産売買というのは、売主Aがいて買主Bがいる、という一対一の単純な取引ばかりとは限らない。Bの背後には取引銀行であるCがいて、Bの前にはAとの間の仲介者であるDがいたりする。そうすると、BがAに土地の代金を支払う場合、例えばC→B→D→Aという流れで現金が移動していくわけだ。移動するときには、様々な名目の下に、ここでは五〇〇〇万円、ここでは一億円という具合に、現金がどんどん「抜かれて」いく。そういう「抜かれた現金」の一部が今村たちの和興建設に手数料として支払われ、そのさらに一部が今村の報酬となっている。

「私はバブルの時も営業していましたから、それはもう……。一件の売買で手数料が数千万円になるような世界で、私個人も決済残金を現金で数千万円持って帰ったことがしばしばあります。お客様と一緒に銀行まで行って、決済して、その場で売却手数料を頂戴しますよね。そうしたら、スポーツバッグに札束をバサバサッと無造作に詰め込んで、現金のギッシリ詰まったバッグを手に持って、会社とか自宅に帰るわけですよ。そういう自分の姿をふと思うと『対人関係を大事にしてよかった』と、改めて思ったりもしました」

考えてみれば、東京で生まれ育った今村が、こうして大阪で暮らしているのは、元はといえば父親のつくった借金が原因である。祖父母の家に預けられてからも小遣い銭には常に不自由していたし、高校へ進学する頃には学費稼ぎのアルバイトに精を出す一端《いっぱし》の苦学生だった。そんなふうに、お金にはずっと苦労してきた自分が、今ではこうして現金を大雑把にバッグに詰め込んで持ち歩いているのだ。

「その時でしたね。ふいに、気が付いたんです。金を追いかけるのではなく、人を追いかけると最後に人が助けてくれる」

と今村は述懐する。あの時、気が付かなければ、今村自身も、今ここにはいなかったかもしれない、と。


ある時、こんなことがあった。

今村が取引先の不動産会社の会長から車に同乗するように言われ、同乗していた時の話である。

道路は渋滞しており、なかなか前へ進めずにいた。

「――おい」

ノロノロとした走りに焦《じ》れたのか、突然、会長がとんでもないことを言いだした。

「前のクルマに当てろ」

今村は耳を疑ったが、会長は意に介さず、命令を繰り返した。やむなく、車の運転手は車間距離を縮めた。ドン――、とクルマのバンパーが先行車の後部に軽く追突する。と、追突された先行車のドアが開き、怒ったドライバーが降りてこちらへ向かってくる。会長は無表情でその様子を眺めていたが、ドライバーがすぐ近くまで来ると、ドアウィンドウを開いて声を掛けた。

「これで」と言いながら無造作に手渡したのは、なんと、一〇〇万円の札束であった。

一瞬、ぎょっとしたドライバーだったが、あっさりと怒気を引っ込め、その札束を受け取る。

「あ、ああ……」

もごもごと生返事しながら、ドライバーは自分のクルマへと引き揚げていった。その口元には、卑屈な笑みが浮かんでいたように今村には見えた。

会長は、今村に何も言わない。今村のほうも何も聞かない。

信号が変わると、そのまま、何ごともなかったようにドライバーはクルマを発進させた――。


わざとクルマをぶつけてケンカを売り、大金を握らせて黙らせる。今日の我われの感覚からすれば、信じられないような非常識なエピソードである。「またある時、ラウンジでいかにも不動産屋然とした男性が、百万円単位の支払いをしていたことを見かけたりした」。バブル最盛期――ほんの三〇年ほど前のことだ――には、こんなことが現実にいくらでもあったのだ。

「あの頃は、そんな光景をあちこちで見かけたものです。今、こうして話していても、とてもじゃないが信じられないでしょう？　本当に悪い冗談としか思えません。

――話を戻すと、自分がスポーツバッグに一〇〇〇万円の札束を詰め込んで、ショウウィンドウに映った自分のふらふら歩いている姿を見た時、つくづくと思うところがあったんです。人間、お金ばかり追いかけていてはダメになるな、と。もっと、人間を追いかけたほうがいいんじゃないか、とね。そのことを実感したのが、バブルの時なんですよ」

今村はそう言って、今さらのように目をつぶると、嫌な記憶を振り払うようにかすかに首を横に振った。

FOKASの倒産で民事再生に携わる

周囲の誰もかれもがバブルの狂気に毒されていた時代にも、今村はそれまでの自分の営業スタイルを決して変えなかった。

自分のことより、相手のことをまず思いやる――。

隠しごとはせず、何でもオープンに話をする――。

それは、自分の会社を立ち上げた現在も変わっていない、今村の信念であり、生き方であった。

ガツガツと売り込むような真似はしなかったが、当時の今村は「坊主（＝売上がないこと）が三カ月続いたら、会社を辞めよう」と心に決めていた。しかし、その自己に課したルールを破ることは一度もなかった。

世間がますます狂騒の熱に浮かされていくのを尻目に、今村は地道に、ある意味では愚直なまでに、己の生き方を貫いていったのである。

そうこうするうちに――いつの間にか、風向きが変わっていた。

――バブル崩壊である。

膨張し切った泡沫がポン、と弾けるように――後世、そんなふうに形容されることもあるが、いわゆるバブル崩壊は「ある時、突然に」起こった事象ではない。水面下でじわじわと進行していき、ふと気が付いた時にはもう、誰にも止められない状況に陥っていたのである。

一九九〇（平成二）年三月二七日――当時の大蔵省銀行局（現・金融庁）は「土地関連融資の抑制について」という通達を出した。これは、同年四月以降、不動産融資を総貸出の伸びの範囲内に抑えるようにという「行政指導」である。ちなみに、このような融資の総量規制は、かつて日本列島改造ブームで地価が高騰した一九七三（昭和四八）

大阪市の地価推移グラフ

1983（昭和 58）年～

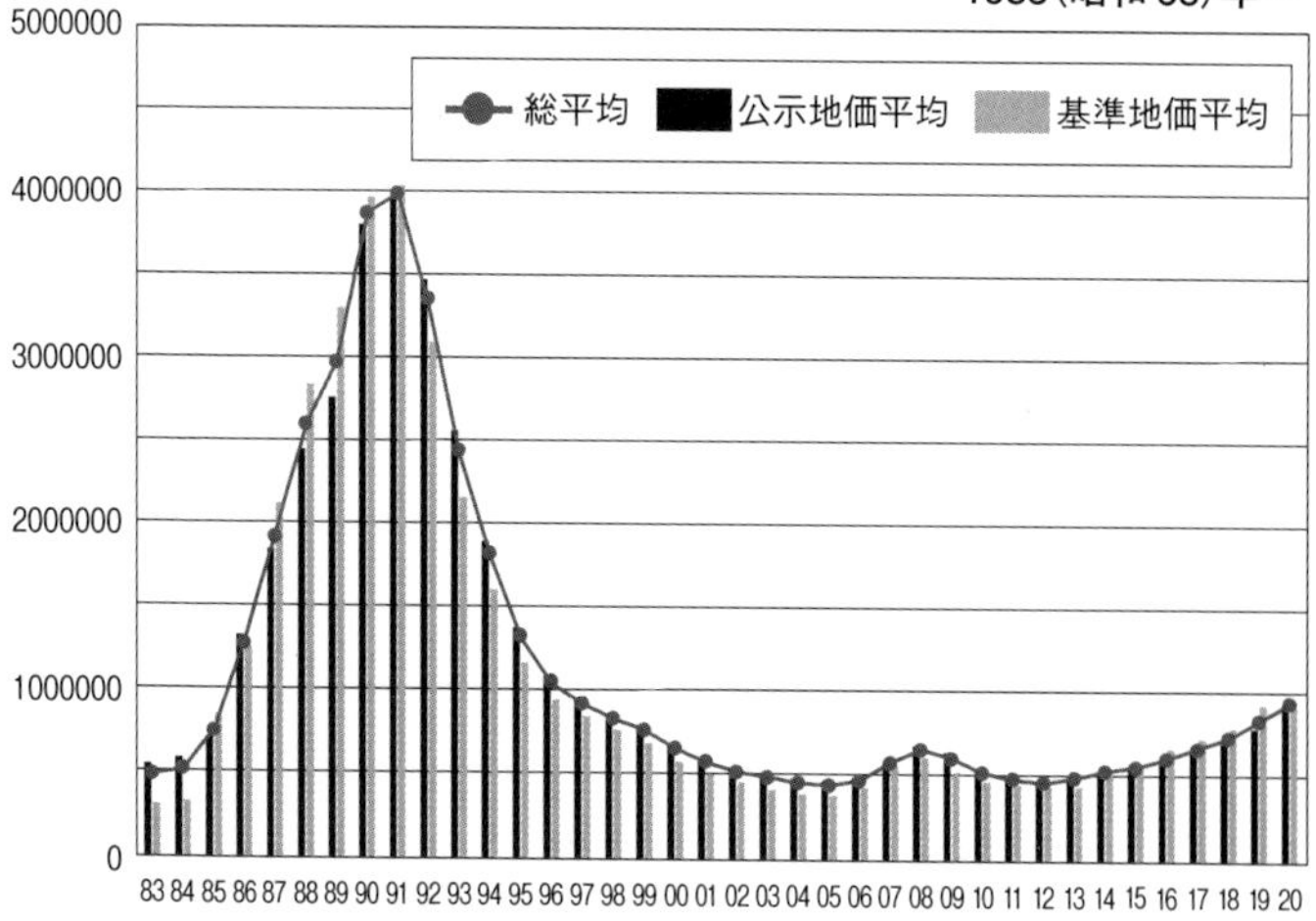

年以来のことであった。

これが世にいう「不動産融資の総量規制」であり、これ以降、金融機関の不動産業向け貸出の伸び率は、総貸出の伸び率以下に抑えられることとなった。枠となる総貸出の伸び率がこれまでになく低下したこともあって、劇的に抑えられることとなった。総量規制は一九九一（平成三）年末まで一年九カ月間続き、翌一九九二（平成四）年に入ると規制は解かれたものの、不動産業向け貸出は目立った回復を示していない。何故《なぜ》なら、総量規制の間に不動産価格の下落と融資ルートの引き締めによって取引が成立せず、手持ち物件が目減りしていた上に、これまでの融資に対する金利負担が大きくなったことで、大型倒産の発生が相次いだからである。

当時、大阪では飛ぶ鳥を落とす勢いといわれた五つの不動産会社があった。五社それぞれの頭文字をとって「FOKAS」（綴《つづ》りは違うが、当時隆盛を誇った新潮社の写真週刊誌になぞらえて「フォーカス」と読む）と総称され、いずれ劣らぬ大手不動産会社であった。

大手不動産会社の経営が悪化していく状況において、幸い、今村の属する和興建設は生き延びることができた。とはいえ、住宅市場はまったくと言っていいほど動かなくなってしまった。地元である豊中市の物件だけではどうにもならず、今村も週に一度は大阪市内に営業に出かけるようになっていた。主な狙いは競売物件であり、その関係で、大阪市内にある弁護士事務所にも顔を出すようになった。

そんな時、今村はＦＯＫＡＳの一社であるオギサカ株式会社（以下、オギサカ）の管財人となったある弁護士と面識を得ることになった。

オギサカは神戸を拠点として、オフィスビルの賃貸、一戸建て・マンションの分譲などを手掛けていたが、借入金がかさみ、金利負担が重くなった上に、総量規制で資金繰りが悪化していた。そして、一九九一年に入って借入金に対する利払いが滞る事態に至ったため、主取引銀行である太陽神戸三井銀行（現・三井住友銀行）をはじめとする銀行やノンバンクに対して支援を求めていたが、結局支援策がまとまらずに倒産に至ったのである。

もともと、オギサカと和興建設の間には、それまで取引はまったくなかった。今村は同社の管財人である弁護士から相談を受け、オギサカの和議の一環として、「豊中方面にあるオギサカの取扱物件を売りたいので、買い手を見つけてほしい」と頼まれたのである。いわゆる、不良債権の処理案件であった。

管財人の紹介で、今村はオギサカの荻坂社長にアポイントを取り付けた。迂闊《うかつ》なことには、この時の今村はオギサカについてほとんど知らず、てっきり「せいぜい社員数五、六人の小さい会社だろう……」と思い込んでいた。ところが、高級車が並んだ駐車場に着いてみると、立派なビルが立っていたため、ひどく驚いたという。受付で案内を請い、今村は荻坂社長と面談することになった。

用件が用件であったためか、荻坂社長は、和興建設という名もないローカル企業に勤める、まだ若造と言っていい世代の今村に対しても、失礼のない態度で迎え入れてくれた。

初対面の挨拶もそこそこに、荻坂社長は本題に入った。

「ミドリガオカの物件を売りたい」と、荻坂社長は切り出した。

ちなみに、大阪府内には大東市緑が丘、高槻市緑が丘、八尾市緑ヶ丘など「ミドリガオカ」と読む地名が複数あるが、ここで言うのはもちろん、高級住宅街として名を馳せていた豊中市緑丘のことだ。

あらかじめ下調べしてあった今村は、買い手になってくれそうな候補を頭に思い浮かべながら、心当たりはいくつかあると答えた。

「いくらで売れるかな?」という荻坂社長の問いには、「いくらで売りたいんですか?」

と今村は逆に切り返した。

「いや……。坪、九〇万円くらいで売れたら……」

荻坂社長の答えは苦しげだった。口にしたのは、当時の相場でいえば、かなり控えめな金額だった。本音はもっと高く売りたいに違いない。咄嗟《とっさ》にそう思った今村は、迷わずこう言った。

「もったいない。これ、坪一三〇万円から一三五万円で売れますよ」

一度口にした以上、後戻りはできない。だが、今村に後悔はなかった。

後に今村が知ったところによると――この緑丘の物件はオギサカが購入した際、坪単価一五〇万円前後であったようだ。それを、銀行では坪単価九〇万円で売れれば債務処理できると言っていたらしい。荻坂社長が口にした金額は、要するに銀行側の都合に合わせたものであった。

今村が言うように、もし、坪単価一三五万円で売れれば、銀行に対しては九〇万円で売ったことにして、差額の四五万円はオギサカの手元に残る。一五〇坪ほどの物件であるから、六七五〇万円の収益だ。もちろん、抱える借財からすると微々たる金額には違いないが、将来の経営再建に備えて、少しでも手元に現金があったほうがいい。

今村は有言実行をした。緑丘の物件は無事、坪単価一三五万円で買い手がついた。通常は売上金額の三%が手数料の相場であったが、この案件に関しては、今村は「一・五%でけっこうです」と言い、それ以上は受け取らなかった。

こうして、荻坂社長の信頼を勝ち取った今村は、その後、豊中市だけでなく、関西圏に保有するオギサカのすべての和議案件に関して、荻坂社長から請け負うことになったのである。

「――今村君、他の会社から電話があって、こんなことを言うてきたんやけど、どうや?」

「――今村君、また一つ頼むわ。仲介に入ってくれんか?」

そんな調子で、荻坂社長からしばしば今村宛てに連絡が来るようになった。

荻坂社長はその後、数年がかりでオギサカを再建する。その直後、オギサカは一九九五(平成七)年一月の阪神・淡路大震災で被災し、神戸市その他の不動産資産を多数失うことになったが――震災復興に貢献したことで神戸市から表彰を受けている。同年、荻坂社長はその経営手腕を買われて、その頃赤字に転落していた東京のある上場企業をM&Aし、経営再建を成し遂げた。この荻坂社長と、両者を紹介した当時のオギサカの管財人だった弁護士とは、今村は現在も親しく交流している。

退職し、自分の不動産会社を立ち上げる

前述したように、今村聖三は和興建設に入社して最初の一カ月間、収入ゼロであった。では、その後はどうだったかといえば、一年目、二年目の頃にはまだ、年収にして五〇〇万円～一〇〇〇万円程度であったという。その当時はバブル前でもあり、今村自身の経歴も今でいうところの「第二新卒」であったが、同年代の倍の年収を稼いでいた。だが、今村は決してそこに満足してはいなかった。

今村の年収は、バブル崩壊後もさらに増え、数千万円の収入があった。しかし、バブル崩壊後と言えど、今村以上に稼いでいる人間はいくらでもいたに違いない。また、今村にせよ、もし、手段を選ばずひたすらお金を稼ぐことだけに専念していたら、もっと稼げていたはずだ。一介の営業マンの身で、年収一億円を稼ぐことも夢ではなかっただろう。

そうならなかった理由は一つしかない。今村自身がそれをしたくなかったからだ。いつも相手のことを思いながら。隠しごとはせずオープンに。この信念をどこまでも貫いた結果に他ならない。

独立しようと思ったきっかけについて訊《たず》ねると、今村聖三は「些細《ささい》なことです」と言う。

「最初に独立を考えたのは、やはり、自分の姿をふと鏡で見た時ですね。知らないうちに、下腹が前にせり出してきている。その身体《からだ》に、イタリアンブランドのダブルのスーツを着て、オーストリッチのバッグを持って、クルマも、最初のベンツから何台か買い替えて……。そういう格好で、営業をやっているわけです。

お客様にお会いするときも、こうして頭を下げるでしょう？　その、下げる角度が違ってきているんです。ちょっと小銭を持ったという勘違いで、思っているほど頭を下げていなかったんですよ。昔だったら九〇度くらい腰を曲げていたのが、角度が浅くなっている。それが自分でもわかるんです。

なんか、ちゃうやろ？　こんなん、おかしいんちゃうか？　……そう思いましたね」

そのことに気付いた今村は、「このままではいけない……」と考えるようになったという。

このまま勤めていたら、自分はダメになってしまう。そう考えた今村は、ひそかに独立を決意する。

その頃今村は、和興建設から独立し共栄住宅販売を設立した叔父のところに移っていた。叔父は今村に大きな裁量権を与え、今村もそれに応え、共栄住宅販売に大きな収益をもたらしていた。何不自由のない環境にあったが、このままに満足すると自分はダメになるという強い危機感を今村はもっていた。しかし、今村が独立すると共栄住宅販売は、稼ぎ頭を失うこととなる。不動産のイロハを教えてくれた叔父に迷惑をかけることになる。

今村は、自分の中で、あと二年共栄住宅販売に残り、最高の売上を上げて見せよう、と心に誓った。それから二年間、今村は自ら立てた誓いを忠実に守った。

会社に入る手数料が年間数千万円の貢献をした。当然、その手数料の何割かは今村自身の収入になっているのだが、この時、今村は自分個人の稼ぎにはあまり頓着していなかったという。そんなことより、「自分が辞めたいという時には、叔父が気持ちよく認めてくれるよう、しっかりと収益を残したい」ということばかり考えていたのである。

なお、今村が共栄住宅販売を退職する前年には、前述したオギサカの不良債権処理が始まっている。

この仕事を通して親交が深まり、荻坂社長はその後、荻坂社長が自らM＆Aで取得したH社において今村は社外取締役兼顧問として五年間在籍した。

この会社で学ぶべきことはすべて学び、やるべきことはすべてやり遂げた——その、心地よい達成感のまま、今村は叔父に会いに社長室を訪ねた。

誓い通り二年間この会社で頑張り、最後の最後に大きな置き土産を残してくれた今村に対して、叔父は、無言で今村を見送った。

第四章

コーニッシュの旗揚げ

梅田に本社を移転し、東京進出を果たす

二〇代から三〇代にかけての、長くはないがかけがえのない日々を和興建設・共栄住宅販売と共に過ごした今村聖三は、ついに自らの会社を立ち上げ、独立を果たした。

一九九二（平成四）年五月のことであった。

会社名は「コーニッシュ」――この名は、フランス南部のコート・ダジュール地方にある湾岸道路の名称に由来するものだが、むしろ、ここから命名された「ベントレーコーニッシュ」や「ロールス・ロイス コーニッシュ コンバーチブル」などの英国産高級車のブランド名として広く知られている。

ベントレーもロールス・ロイスも（当時、前者は後者の傘下にあった）、「コーニッシュ」と命名されたモデルは、ラグジュアリーカーとしての高品質とスポーツカーとしての高性能を併せもつことで知られる。さらにいえば、そもそもの由来となった湾岸道路は、風光明媚《ふうこうめいび》な南仏の避暑地を眺望しながら走り抜ける道であることから、「美しく、過ごしやすい土地へ人々を導くもの」と解釈することもできる。不動産会社の社名にふさわしいネーミングではないだろうか。

今村が最初にオフィスを構えたのは、大阪市北区梅田一丁目の「大阪駅前第2ビル」の一室であった。ただし、ここへ入居したのは創業と同時にではなく、二年半近く経った一九九四（平成六）年九月になってからである。それまでは、今村の自宅を本社として登記していた。もともと、起業前から長年フルコミッション営業として活動していた今村にしてみれば、従来のワークスタイルの延長という感覚だったのだが、「やはり、大阪市内に出たほうがビジネスのキャパシティが広がるのではないか？」と考えたからだという。

大阪駅前第2ビルは地上一六階建てで、コーニッシュは一二階に入居した。無論、ワンフロア全部の賃借ではなく、コーニッシュの専有面積は約一二坪とささやかなものであったが、窓からは西日本最大のオフィスビル街・梅田を一望することができた。

今村は一二坪を二つの区画に分け、手前を執務室、奥の小区画を社長室とした。

賃借契約を結ぶ際、オーナーである女性税理士は今村に言った。

「この部屋は以前、三基商事さんが使ってたんよ。三基さんも会社を大きゅうして、大きいとこへ行ったんやから、あんたもきっと大きいとこ行けるで」

「ミキプルーン」などのサプリメントや化粧品の製造・販売で知られる三基商事株式会社は一時期、一二階のこの部屋を借りていたが、コーニッシュが入居した時点では同ビル内の八階に本社オフィスを移し、全国主要都市に営業拠点を展開していた。なお、二〇二〇（令和二）年現在も、同社の本社所在地は同ビルとなっている。

創業時の社員は、社長である今村の他には、営業の藤山（仮名）がいて、たった二人での旗揚げであった。

藤山は和興建設時代の今村とは旧知の仲であった。今村が独立する際に藤山に声を掛け、藤山はその誘いに応じて、まだ海のものとも山のものともわからないコーニッシュという不動産会社を一からつくりあげるのに尽力することになったのである。

ただし、社長である今村も根っから営業畑の人間だから、このままでは事務を任せられる人材がいない。そこで、大阪駅前第2ビルへ移転してまもなく、植田栄子という事務員を採用することになった。植田は、現在では最古参の従業員となっているが、管理部の次長として、営業以外のコーニッシュの事務に就き、辣腕をふるっている。

コーニッシュが創業した一九九二年から梅田へ進出した一九九四年にかけては、バブル崩壊後の平成不況がいよいよ本格化してきた時期とぴったり重なり合う。「就職氷河期」という造語があるが、これは「就職ジャーナル」（リクルート社刊）の一九九二年一一月号で初めて使用され、一九九四年一二月の「第一一回 新語・流行語大賞」で審査員特選造語賞を受賞したもので、まさしくこの時代を象徴する言葉であろう。

　バブル期には空前の売り手市場だった大学新卒者の就職戦線は、この二年間で完全な氷河期に突入し、一流大学を卒業しても第一志望の会社にすんなり入社できる者はほんの一握りで、大多数の新卒者は内定を一つも取れないまま、いきなり社会の荒波に投げ出されることになった。その一方で、かろうじて「第四、第五志望以下」のどこかの会社に潜り込んだものの、仕事が合わずに三カ月未満で自主退職をする者、人員整理に乗り出した会社からクビを切られる者、会社そのものが倒産して何の保障もなく放り出された者など、職に就けない失業者が巷《ちまた》に溢れていた。

　そんな時代に、曲がりなりにも安定していた会社員の立場を自ら捨てて独立した今村聖三だったが、無論、まったくの孤立無援というわけではなかった。和興建設の営業時代、あるいはそれ以前の学生起業家時代から地道に築き上げてきた今村の人脈は、創業直後のコーニッシュを支える命綱として彼らを力強く支えてくれた。

　今村は以前からの得意先や、それらの顧客から紹介してもらった営業先を足しげく訪問し、少しずつ実績を積み重ねていった。取扱物件は主に戸建て住宅や分譲マンションなどの住宅販売が多く、それらは上限が決められた手数料であったため、リスクはないものの一件当たりの手数料額が小さいため、とにかく数をこなさなければならなかった。

創業当初のことを振り返って、今村は言う。

「その頃は、一年後に会社がどうなっているかなんてことは考えられなかった。来月、再来月で、これだけのランニングコストが出るかどうか――そんな、目先のことしか頭にありませんでした。ただ、行動目標としては『大手不動産事業者の販売代理会社になる』というところをめざしており、そこに食い込むための営業に力を入れていました」

その甲斐《かい》あって、コーニッシュは創業後まもなく、伊藤忠グループの伊藤忠不動産株式会社から同社がイトーピアブランドで展開する大型の分譲マンションの住戸販売を任されている。伊藤忠不動産は（伊藤忠不動産は一九九五年に伊藤忠と合併した。その後、一九九七年に伊藤忠都市開発として分社され、現在に至っている）不動産の高騰が激しい時から、関西各地で数百戸規模の宅地開発を行ってきた。しかし、コーニッシュが創業したのは、バブル崩壊後で、一般の人々の気持ちは、我が家は持ちたいものの、不動産取得に対する警戒心が強く、販売がままならなかった時期である。バブル時代のように開発分譲地にモデルハウスを建てて、何万部というチラシを打てば、大勢の客が来て、たちまち完売してしまうような時期ではない。全体は何百区画というプロジェクトであっても、売れ残り感が出ないように、一〇戸程度に細かく分けて、繰り返し、繰り返し分譲・販売を粘り強く行う。殺到する申し込みをどのように捌くかを苦心した時代ではなく、数少ないお客様にかゆいところにも手が届くようなきめ細かな対応が必要となる。お客様をどのように集客するか、数少ないお客様をどのように成約に結びつけるかを腐心した時代である。真の販売力が問われた時代である。会社としての実績がまだほとんどないこの段階で大会社である伊藤忠から販売を任されたのは、コーニッシュではなく、今村聖三個人の信用によるところが大きかったに違いない。

大阪駅前第2ビルのオフィスの執務室には、あらかじめ四人分の座席が用意されていた。社長の今村には社長室に自席があり、営業の藤山、事務員の植田が座ってもまだ二席ある。だから――というわけでもないのだろうが、今村はさらに二人の営業マンを雇用した。前述したような不況下で、新卒だけでなく中途採用も空前の就職難であったから、その気になれば優秀な人材は巷にいくらでもいた時代である。営業が藤山を含めて三名になったことで、コーニッシュの戦力は着実に強化された。この三人の初期営業メンバーは、その後それぞれ独立を果たし、会社を去っているが――移転直後に今村が頭を悩ませていた「梅田の一等地のオフィス賃料をいかにして稼ぎ出すか?」という命題を解決するために、心強い味方となってくれた。お陰で、今村はようやく、コーニッシュの将来戦略を練るための時間的・心理的余裕を手に入れることができた。

梅田進出から二カ月後の一九九四年一一月、今村は東京都港区赤坂八丁目にコーニッシュ東京支店を開設する。ここは、営団地下鉄（現・東京メトロ）千代田線「乃木坂」駅と、銀座線・半蔵門線（後に都営地下鉄大江戸線も接続）「青山一丁目」駅のほぼ中間に位置しており、どちらを利用するにしても徒歩五分以上はかかるものの、都内各方面に移動しやすいという利点があった。

なお、翌一九九五（平成七）年五月、コーニッシュは宅地建物取引業法に定められた「宅地建物取引業の建設大臣（現・国土交通大臣）免許」を取得している。

宅地建物取引業免許は、一つの都道府県内に事務所のある会社であれば知事免許だけでよいが、二つ以上の都道府県に事務所がある会社の場合は大臣免許が必要になる。すなわち、これは東京支店開設に伴う変更であり、複数の都道府県にまたがってビジネスを展開するための布石だったのだが、ただそれだけではなかった。

当時の今村の実感として、「東京では、大阪より一年くらい時間が進んでいる……」という印象があったという。この印象は現在でもそれほど変わっていないようだが、要するに、「今東京で起こっていることは、一年後には大阪でも起こる（かもしれない）」という意味である。すなわち、現在の東京の不動産市場を知ることで、一年後の大阪の市場動向をある程度正確に予測することが可能になるということになる。そこまで都合よくはいかないかもしれないが、不測の事態に対してあらかじめ準備しておくこともできるかもしれないし、最悪でも、心構えだけはしておくことができる。

もちろん、不動産の市場規模や企業の集積数においても、東京は世界有数の大都市であり、そこでの売上に期待した面も大いにあるだろうが、開設当初の東京支店には、現地での情報収集のために設置されたアンテナという意味合いが強かった。

三年半後の一九九八（平成一〇）年四月、東京支店は港区高輪二丁目の「ハイライト高輪」へ移転した。こちらは都営地下鉄浅草線・京浜急行電鉄本線「泉岳寺」駅から徒歩一分という好立地で、移転前に比べてアクセスの便は大幅に改善されており、その後二〇年以上にわたって東京支店はここから動いていない。

信託受益権販売に乗り出す

創業からしばらくは住宅の販売代理・仲介中心のビジネスを続けていたコーニッシュだが、やがて、転機が訪れる。とある店舗のオーナーから、兵庫県西宮市の阪急電鉄今津線の「門戸厄神」駅からほど近い収益物件（賃貸住宅や貸し店舗・貸し倉庫など、オーナー自身が居住・使用せず、第三者に賃貸して賃料収入を得ることを目的とした不動産）の売却を持ちかけられたのである。

今村聖三は即答することができなかった。収益物件を取り扱った経験が乏しいという事情もある。だが、それ以上に資金力の問題があった。オーナーと別れた後、どう回答したものか悩んでいた今村は、たまたま旧知のF銀行（その後、W銀行との特定合併により「N銀行」となるが、一九九九〔平成一一〕年に経営破綻）の山田支店長（仮名）と再会することになった。

この支店長と今村とは、かつて今村が和興建設の営業時代に、大阪市北区の大手不動産会社M社の物件販売仲介を通じて何度か顔を合わせていた。当時の今村は、M社のM社長とよく連れ立ってF銀行に出入りしており、M社の販売物件を仲介してほとんど完売させていた。そのことをよく覚えていた支店長は、今村ならば売りはぐれることはあるまいと、全面的な信頼を寄せていたのである。門戸厄神の収益物件の購入に悩んでいた今村に偶会《ぐうかい》した支店長は、物件資料に目を通しながら一通り話を聞くと、おもむろにこう言った。

「――ええやろ、資金はうちの支店から出したるわ。買いなさい」

あまりにあっさりとした言われように、今村は驚いて問い返した。

「ありがとうございます」

「なぁに……あんた、今までM社さんとこの物件、全部完売できとるやんか。大丈夫、買ってみいや」

その支店長の言葉に背中を押され、今村は決断した。F銀行からの融資を受け、収益物件を購入することにしたのである。幸い、この収益物件は三カ月ほどで買い手がつき、無事に売却することができた。売却益もそれなりの金額になった。このことは、今村にとって大きな自信に繋がったという。

「これ以降、収益物件を買って転売すれば大きな利益が出る、ということがわかって、ビジネスの幅が広がりました」

この今村の言葉通り、現在、コーニッシュの事業内容としては第一に「収益物件事業」が挙がる。上限の手数料率が決められている売買代理・仲介より、リスクはあっても自分が設定した売却益を上げることができる収益物件事業がコーニッシュの収益の中心となっていく。

また、M社のM社長やこのF銀行の支店長に気に入られたことについて、今村は、前章で述べた荻坂社長との間に信頼関係を築くことができたことが大きいと語っている。何しろ、最終的には、荻坂社長から実印と印鑑証明書を手渡され、銀行で現金三千万円を受け取ってくるように言われ、その現金は「三日間ほど預かっといて」の一言で預けられたほど、今村は信頼されていたのである。M社長や支店長がそこまで込み入った事情を聞かされていたとも思えないが――荻坂社長だけに限らず、顧客のことをきめ細かく気遣い、一生懸命になれる今村の人柄は、誰の目から見ても信頼に値するものだったに違いない。

一九九九年六月には、コーニッシュは建設業許可を取得している。

建設業の許可取得には、建設業法に定められた四つの許可要件があり、その一番目に「常勤の経営業務管理責任者を最低一人以上置くこと」という項目がある。また、この経営業務管理責任者には「一定期間の経営経験」が必要であり、それが建設業以外の業種の場合は「六年以上」となっている。すなわち、今村聖三は、自らが経営業務管理責任者に就任する条件を満たすのを待って、直ちに免許を申請したということがわかる。

コーニッシュの事業内容としては、創業当初からの住宅販売事業（一般不動産仲介事業）、前述の収益物件事業の他、この時点で土地活用事業や販売代理事業なども手掛けていたが、ここで新たに建築事業が追加されたことになる。

建設業許可を取得したことで、コーニッシュは、建設業許可が必要ない軽微な工事（建築一式工事の場合、工事一件の請負代金の額が一五〇〇万円未満または延べ面積が一五〇㎡未満の木造住宅工事。建築一式工事以外の建設工事の場合、工事一件の請負代金の額が五〇〇万円未満の工事）の範囲を超える工事の請負が可能となった。

ただし、建築事業を積極的に展開していくという意図はなく、あくまで顧客からの様々な要望に幅広く応えられるように、間口を広げることが目的のようである。

その一年後の二〇〇〇（平成一二）年六月、コーニッシュは大阪駅前第2ビルから本社を移転する。移転先である大阪市北区中之島三丁目の「（旧）コーニッシュビル」は、コーニッシュにとっては初めての自社ブランド名を冠した物件であった。同ビルは、関電本社のすぐそばの土地を取得し、そこへ自社事務所兼賃貸オフィス用ビルとして新たに建てたものである。コーニッシュは二階に本社オフィスを構えた。

その後、二〇〇五（平成一七）年二月二五日にグループ企業として有限会社コーニッシュ住宅販売（現・株式会社コーニッシュクレスコ）を設立した際にも、当初は同ビル二階のコーニッシュ本社オフィスの一角に間借りするかたちとした。

そして、二〇〇六（平成一八）年二月。コーニッシュは新たな事業展開として「信託受益権販売業」（近畿財務局長（売信）第六六号）を登録することになった。

「信託受益権」とは、不動産所有者（＝オリジネーター）が信託銀行に対して不動産を信託することによって証券化されたものをいう。証券化された受益権は、有価証券として投資家間で売買されることになる。これにより、オリジネーターは金融機関の他に不

旧コーニッシュビル
（大阪市北区中之島三丁目）

動産ファンドなどの投資家からの資金調達が可能となり、投資家サイドは少額資本からの不動産投資が可能となる。

この当時、信託受益権の販売（またはその代理、もしくは媒介）については、信託業法の定める「信託受益権販売業」として規制されていた。ところが、コーニッシュが事業登録をした年の六月、「金融商品取引法」が成立し、翌二〇〇七（平成一九）年九月三〇日付で施行されることになった。これに伴い、信託受益権は「不動産」ではなく、「みなし有価証券」として、金融商品に分類されることとなった。これを受けて、信託受益権化された物件の売買や仲介などに関わる者は、宅地建物取引業ではなく、第二種金融商品取引業登録を行う必要が生じたのである。金融商品取引法の施行後、大手不動産業者はもちろん、いわゆる「街の不動産屋」である比較的小規模の不動産業者に至るまで、多くの宅地建物取引業者が第二種金融商品取引業の登録手続きを完了していた。コーニッシュもまた、この大きな流れに沿うかたちとなった。

不動産投資顧問業を開業する

二〇〇六〜二〇〇七（平成一八〜一九）年というこの時期は、平成不況といわれた長年の地価下落傾向がようやく底を打ち、首都圏を中心に地価の反転上昇が顕在化してきた時期でもあった。また、景気回復が叫ばれ、各地で大規模な都市再開発計画が進められていた。これに伴い、国内の不動産マーケットでは、一部で「プチバブル」などといわれたほどの価格高騰も起こっていたのである。

こうした中で、二〇〇七年一月、コーニッシュは事業内容に「不動産投資顧問業」（国土交通大臣一般第九〇三号）を登録した。不動産投資顧問業とは、不動産投資に関する助言業務、および不動産取引の投資一任業務などをいい、国交省の「不動産投資顧問業登録制度」には、前者のみを行う「一般不動産投資顧問業」と、前者と後者を共に行う「総合不動産投資顧問業」が登録されている。コーニッシュが登録したのは前者のみであり、投資家からの依頼によって、専門的な知識提供や分析を行い、業務として助言や調査報告を行うというものだ。

これに先立つ二年前に住宅販売業をグループ会社に移管しているように、今村聖三はこの時期、前年に登録した信託受益権販売業とこの不動産投資顧問業を、従来の住宅販売業や不動産仲介業などに代わるコーニッシュ本体の主幹事業に育てようと考えていたふしがある。地価の上昇傾向と歩調を合わせ、国内の不動産証券化の流れが加速する中で、これらの事業の将来性に期待しての経営判断であったと思われる。

同年五月には、次節で詳しく述べるＩＳＯ９００１（ＪＭＡＱＡ－２１７６）の認証を取得。

次いでその年の六月には、神戸市中央区中町通二丁目の「ローレル神戸駅前」にコーニッシュ神戸支店を開設する。神戸市は当時、一二年半前に起こった阪神・淡路大震災からの復興の途上にあった。コーニッシュは震災による直接的な被害は受けなかったものの、かつて今村が不良債権処理に携わったオギサカ株式会社は、ようやく経営再建を果たした直後の震災で大きな打撃を被《こうむ》っていた。それもようやく一段落し、神戸市では不動産需要が急激に伸びつつあった時期である。

さらに、同年九月には、いくつかの事務手続きが重なった。

神戸支店の開設に伴って、それまでは大阪府知事許可であった建設業の登録が、国土交通大臣許可（般－一九）第二二三〇六号に更新。

新たに、一級建築士事務所（大阪府知事〔イ〕第二二四一二号）の登録。

また、信託受益権販売業が名称変更となり、第二種金融商品取引業（近畿財務局長〔金商〕第一四六号）に更新された。

同じ時期、海の向こうのアメリカでは、水面下で「サブプライム住宅ローン危機」がじわじわと進行していた。それはやがて、世界規模の金融危機に発展することになる萌芽であったが、この時点では、そのことに気付いている者はほとんどいなかった……。

この頃になると、今村聖三の人脈はさらなる広がりをもつようになっていた。

ビジネス上の取引関係はいうに及ばず、異業種交流会や経営者勉強会などを通じて、今村は様々な人びとと出会い、親しく交わるようになった。礼儀礼節は忘れないが、表面的な社交辞令の交換だけには決して終わらず、相手のことを本気で考え、常に本音でぶつかり合うことを心掛けている今村である。数多くの出会いの機会は、今村にとってそれだけ多くの本音をぶつけ合える相手をつくることに繋がっていた。無論、その付き合いの中から、将来的にビジネスに発展することもあったが、初めからそれが目的だったわけではない。ただ、同じ仕事を頼むなら、まったく知らない相手よりも、よく知っている相手に頼みたくなるのが人間の心理である。そういう心理から、相手のほうが今村に仕事を持ちかけてきただけであり、今村のほうから売り込んだわけではない。

今村がそうした関係を構築した相手の中には、例えば全国紙系大阪Y新聞のS社長もいる。神戸に本拠を持つF食品会社F社長もいる。飲食・レジャーグループ会社K社のK社長もいる。そして、大手T自動車販売会社のN社長、及び大阪トヨペット株式会社社長の横山昭一郎氏も――。

ただし、今村はこうした人びとの〝肩書〟や〝社会的地位〟を見て、いたずらに持ち上げたり、媚《こ》びへつらったりするようなことは決してない。そもそも、相手を見るときにそれらの属性は目に入ってこないのだという。見ているのは、相手の人間性そのもの。考えることといえば、「相手は自分に何を求めているのか?」、「自分が何をしたら相手が喜ぶか?」ということだけだという。

「人と人ですから、好き嫌いは当然あります。……どこかの大手企業の経営者やえらい高級官僚だからと聞かされて、一歩でも引いてしまったら、相手に卑屈な自分の印象を与えることになります。それでは、商売はできません。だから、自分が営業の時も、独立した時も、同じように接してきたつもりです」

今村のそんな対人関係の在り方、人との接し方は、相手にも必ず伝わるものだ。だから信頼もされるし、目上の相手からはかわいがってももらえる。

そんなメリットをことさら意識したわけでもなかったのだが——そうした人と人との関係づくりのスタンスが、後のち結果的に今村の危機を未然に救ってくれることになったのである。

——二〇〇八(平成二〇)年九月一五日。

世界最大の証券会社であるアメリカのリーマン・ブラザーズが経営破綻した。世にいうリーマンショックである。

すでに同年春から夏にかけて、その予兆らしき現象は日本国内に波及していた。

三月二〇日、株式会社レイコフ（大証ヘラクレス上場）が民事再生法の適用を申請し、事実上倒産。

六月二四日、株式会社スルガコーポレーション（東証二部上場）が倒産。

七月五日、真柄建設株式会社（東証・大証一部上場）が倒産。

七月一八日、株式会社ゼファー（東証一部上場）とキョーエイ産業株式会社（東証ジャスダック上場）の二社が同日倒産。

七月二四日、三平建設株式会社（東証ジャスダック上場）が倒産。

八月一三日、株式会社アーバンコーポレイション（東証一部上場）が倒産――。

その他、数えあげたらきりがないほど多くの建築・不動産業界の上場企業がこの時期、相次いで経営破綻に陥ったのである。もっとも目立ったのは、いわゆる新興のマンションデベロッパーであった。その煽りを受けて、無数の不動産業者や中堅ゼネコン、中小の工務店が連鎖倒産をした。これらの国内企業の多くが、前兆らしい前兆もないまま、ほとんど「ある日、突然――」といった感覚で、倒産の事実を発表していったのである。個々の企業の倒産要因を見ていくと、放漫経営や債務過多などもっともらしい理由がいくつも見つかる例もあったが、いわゆる黒字倒産も多く、中には直前の三月期に過去最高益を計上したばかりのスルガコーポレーションのような例もあった。

そして、この謎めいた倒産ラッシュがようやく落ち着いたかに見えた時――大本命ともいうべきリーマンショックが世界経済を震撼《しんかん》させたのである。

今村聖三の率いるコーニッシュは、春から夏にかけての倒産ラッシュにも大きな影響は受けずにいたが、それでも、業界全体に漂う不穏さとまるっきり無関係ではいられなかった。

経済がおかしくなった――その実感は、絶えず今村の頭の片隅から離れなかった。幸い、今回も直接的な被害はほとんどない。だが、いつ我が身に火の粉が降りかかってくるかはわからなかった。

そんな時、以前から個人的な付き合いのあった大手都銀M銀行の支社長が今村を食事に誘ってきたのである。それまでにも、何度か顔を合わせ、食事を共にしたことがあったものの、プライベートで、一対一で遊びに行くほどの特別に親しい間柄というわけではなかった。それが、このときに限って妙にたびたびお誘いがかかり、わずか一カ月の間に、三回も食事を共にすることになったという。

二人で会っても、いつもは改まって仕事の話をすることはあまりなく、たいていは他愛もない世間話に終始していたのだが――その時、支社長がふいに言った。

「もうそろそろ、何かおかしいで。今村君……」

「おかしい……とおっしゃいますと？」

「世の中がバブル崩壊の時と似てきている。気を付けて。今、買い付けはどれくらい出しているの？」

「え――？」

今村の全身に緊張が走った。当時、コーニッシュでは全部で七件ほど、総額一〇〇億円超の物件の買い付けが進行していた。そのことを正直に話すと、支社長は言った。

「全部キャンセルしたほうがええな」

「……」

「いや、君だから話すんやけどな――」

そう前置きして、支社長は今村に驚くべき情報を伝えてくれたという。

無論、法に触れるような情報漏洩というわけではない。しかるべき手続きさえ踏めば、誰にでも入手可能な情報だったのであろうが――その手続きを一から踏んでいたら到底間に合わないことになっていたかもしれない。そういう意味で、今村だからこそ、支社長との間にこれまで築いてきた信頼関係があったからこそ、こうして向こうから話をしてくれたわけである。

このM銀行とコーニッシュの間には、当然ある程度の取引関係はあったものの、金額的にはそれほど大きなものではなかった。つまり、コーニッシュが仮に経営破綻したとしても、M銀行にとっては別に取り返しのつかない損失というわけでもないのである。

にもかかわらず、支社長は親身になって今村に助言してくれたのである。それも、三回にもわたって、念入りに――。

その時点で、コーニッシュはそのM銀行以外の金融機関とも取引を続けており、他行から融資を渋られるようなこともなかった。だから、支社長の言葉がなかったら気付かなかったかもしれない。

だが、支社長の助言を重く見た今村は、当時進めていた七件の買い付け予定をすべてキャンセルした。さらに、同じタイミングでたまたま買い手がついていた保有物件については、「今のうちに……」との思いで売却した。約八億円で購入した物件が、約一六億円で売却できたという。

それが、八月の下旬であった。

それから一カ月もしないうちに、世間は二〇〇八年九月一五日を迎えたのである。

ＩＳＯ９００１の認証を取得

ここで少し時間をさかのぼり、リーマンショック以前のコーニッシュの状況を追ってみよう。

前節でも触れたように、二〇〇七（平成一九）年五月一五日、コーニッシュはＩＳＯ９００１の認証を取得した。コーニッシュはその後、複数のＩＳＯ認証を取得していくことになるのだが、そもそもの始まりはこの時であった。

ＩＳＯ（国際標準化機構）は、第二次世界大戦後間もない一九四七年二月二三日にロンドンで設立された国際規格（International Standard／ＩＳ）を策定する非営利法人である。一六二の標準化団体で構成されており、国家間に共通な標準規格を提供することで世界貿易を促進する役割を担っている。

９００１に代表されるＩＳＯ９０００シリーズは「品質マネジメントシステム」として一九八七年に制定され、何度かの改定を経て現行の二〇一五年版に至っている。コーニッシュが認証を取得した時点では、現行の二つ前の二〇〇〇年版が施行されていた。

ＩＳＯ認証取得が日本企業の間で一気に広まったのは、この少し前、おおむね二〇〇〇年前後のことである。この時期、日本ではグローバリゼーションが急速に拡大し、

「国際標準」という単語がさながら錦の御旗であるかのようにもてはやされ、多くの企業が競い合うようにＩＳＯ認証の取得に乗り出していた。一九九二年設立のコーニッシュとしては、この流れに乗り遅れた感もないではなかったが、当時は同業他社の間でもＩＳＯ認証などほとんど話題にもならなかった。しかし、設立一五年余を経て、世の中も変わった。今村が新たに付き合うようになった多くの一流企業人たちも、ＩＳＯ認証をいわば常識のように捉えていただろう。

そんな状況の変化もあってか――この頃から今村は、第三者機関によるコーニッシュに対する評価というものを強く意識するようになっていた。

ＩＳＯ９００１の認証取得のちょうど一年後、二〇〇八（平成二〇）年五月には、プライバシーマークの付与を認定される。こちらは一般財団法人日本情報経済社会推進協会（ＪＩＰＤＥＣ）が使用を許諾する登録商標であり、個人情報の適切な取り扱いを行っている事業所へ付与される。このプライバシーマークの付与認定については、二〇〇三（平成一五）年五月二三日に制定され、二年後の二〇〇五（平成一七）年四月一日から施行された「個人情報保護法」に伴って急速に広まっていったもので、コーニッシュが信託受益権販売業及び不動産投資顧問業を主幹事業としていく上で不可欠な、企業の信用力を裏付けるものであった。

なお、コーニッシュはプライバシーマーク付与認定後の二〇〇八年七月、グループ会社の有限会社コーニッシュ住宅販売を「株式会社コーニッシュクレスコ」と改称した。これは単なる社名変更ではなく、会社組織の変更とともに事業内容を「住宅販売業」から「不動産賃貸業」に変更する、という大がかりな改変が行われた。社名のクレスコ（cresco）にはラテン語で「成長する」という意味があり、新たな事業を通じて同社並びにコーニッシュグループ全体の成長を祈念しての命名であった。

この組織変更と事業内容の変更のタイミングは、いうなれば偶然であったが、前節で述べた、大手証券会社の関西支社長から今村にもたらされた助言を踏まえれば、コーニッシュグループがその後も生き残っていくための重要な経営判断となった。

コーニッシュのＩＳＯ認証取得にかける熱意はその後も変わらず、リーマンショックで不動産市況がどん底となった時も変わらなかった。世間一般がピンチの時こそ、新しい取り組みをして活路を見出し、チャンスに変える。との今村の強い信念で、直後の二〇〇八年一一月一三日には、ＩＳＯ１４００１（ＪＭＡＱＡ－Ｅ７６１）の認証を取得する。これはいうまでもなく、環境マネジメントシステムであり、一時期は前述の９００１とこの１４００１をワンセットのように取得する企業が多かった。

ＩＳＯ認証を取得すると、認証機関（コーニッシュの場合は一般社団法人日本能率協会）から登録番号の入った認定証の掲示を許可される。大多数の企業では、名刺にも必ずマークを入れている。プライバシーマークについても同様だ。これによって、顧客に対して一定の安心感を担保することができるのも事実だが、取得企業の中には、この「紙切れ一枚」を安心材料にしてしまい、さながら会社の箔《はく》付けのように思っているところも少なからず存在している。そうした企業の中には、一部の担当役員や担当者レベルで認証を維持しているだけで、大多数の社員は普段はほとんど意識していないというところもあるようだ。取得の動機が薄弱であるが故に、意欲が続かず、何度かの更新時期を迎えるうちに認証の維持を止めてしまう企業もある。また、半ば惰性のように維持し続けてはいるものの、それ以上の新たな認証取得の努力をすることもないのは、ほとんどの企業に当てはまる共通項ではないだろうか。

それに対して、コーニッシュは全社員が共通認識としてＩＳＯ認証及びプライバシーマークを常に意識し、当たり前のこととして日常の行動習慣に組み込んでいるという。

今村聖三は認証取得の目的について、自社ホームページで次のように語っている。

「更なる不動産事業サービスの実現と顧客満足の向上並びにグループ企業及び顧客企業との連携を高めること、更に環境問題への取り組みのために、コーニッシュでは国際規格であるＩＳＯ及びプライバシーマークを取得いたしました」

ごく当たり前のことを言っているに過ぎないのだが、それだけに、無駄な修飾語を一切省いた今村の本音の吐露であるといえる。

その後、二〇一四（平成二六）年一月一二日にはＩＳＯ１０００２（苦情対応マネジメントシステム）の認証を取得する。これはＢＳＩグループジャパン株式会社が認証機関となっており、認証取得とともにコーニッシュでは「苦情対応の基本理念」及び「苦情対応方針」を策定した。

さらに、二〇一五（平成二七）年二月一七日には同じ認証機関の下でＩＳＯ２７００１（情報セキュリティマネジメントシステム）の認証を取得。同時に、社内で「情報セキュリティの基本理念」及び「情報セキュリティ方針」を策定したのも１０００２と同様である。

ＩＳＯ９００１、及び１４００１の認証を取得しただけで満足してしまった企業とは違い、新たな認証が制定されれば、それがどんな内容か、自社の業務に必要であるか否かを調査し、検討し、必要と判断すれば直ちに認証取得の準備に取りかかる。それがコーニッシュという会社であり、今村聖三という経営者なのである。

今村のこの姿勢は、その後、さらなるＩＳＯ認証取得に繋がっていくのだが、それについては終章で詳述することとする。

第五章

グループ会社を展開し、多角化経営を図る

コーニッシュクレスコとワンオフコーニッシュ

二〇二〇（令和二）年一〇月現在、株式会社コーニッシュを親会社とするコーニッシュグループは以下の四社である。

株式会社大阪農林会館。

株式会社ラインビルド。

三協興産株式会社。

株式会社コーニッシュクレスコ。

これらは大きく分けて、「既存の企業が株式譲渡などでコーニッシュグループに加わった場合」と「今村が新しく会社を立ち上げた場合」という二つのケースがある。コーニッシュクレスコは、典型的な後者のケースである。

前章でも触れたように、コーニッシュクレスコは二〇〇五（平成一七）年二月二五日、「有限会社コーニッシュ住宅販売」として設立された。この旧社名からもわかる通り、設立当初の同社の事業内容は専ら住宅販売業を想定していた。

コーニッシュでは創業から数年間、住宅販売・仲介が主な収益源であった。その後、信託受益権販売業（現・第二種金融商品取引業）や不動産投資顧問業などに主軸を移そ

う と考えた今村聖三は、住宅販売の仲介と長期収益物件の保有の新しい会社を設立し、一部業務と不動産を移管することにしたのである。

ただし――これも前章でごく簡単に触れているが、二〇〇八(平成二〇)年七月に有限会社から株式会社への組織変更を行った際に、社名も「株式会社コーニッシュクレスコ」と改称し、会社登記には事業内容として「不動産賃貸業」と変更・登録された。いずれにせよ、住宅に限らず不動産売買に関しては親会社であるコーニッシュ本体の事業とすることになったのである。

二〇一〇(平成二二)年五月、次節で詳しく述べるコーニッシュ神戸支店が、神戸市中央区中町通の「ローレル神戸駅前」から同じ中央区の二宮町に新たに取得した「コーニッシュビル」へ移転すると、同じタイミングで、コーニッシュクレスコも神戸支店を開設することになった。さらに、同年一二月にコーニッシュの大阪本社が現在地である大阪市中央区西心斎橋の「コーニッシュビル」へ移転すると、旧本社に同居していたコーニッシュクレスコもこれに伴って移転している。コーニッシュ傘下の事業会社として、前述の四社以外にも、株式会社ワンオフコーニッシュという会社もあった。この会社は、後段で詳述する株式会社大阪農林会館、株式会社ラインビルド、三協興産株式会社をその株主であった菅原吾一氏と井田保子氏よりM&Aする際に、三社の持ち株会社として設立したものである。

ワンオフコーニッシュは、グループの資産保有会社として八年間余り存続したが、それぞれの事業会社の機能が明確となり、独り立ちできるようになった。二〇一九（平成三一）年二月、親会社であるコーニッシュに吸収合併されるかたちで消滅した。

コーニッシュとコーニッシュクレスコの神戸支店が入居する神戸市の「コーニッシュビル」は、もともとオフィスビルであったが、ビジネスの中心地からやや離れた立地にあったため、神戸支店が取得時は空きビルとなっていた。

今村は、同ビルを取得して単一のオフィスビルから、一階は店舗、二階に事務所を置き、三階以上を賃貸マンションにコンバージョン（用途変更）することで都心に近いという立地を活かした再生を図ることで不動産価値を取り戻すことができると判断した。事務所として建築された建物を共同住宅へ用途変更することは、仕事の環境を居住の環境へ変更する作業であり、建築基準法でも要求基準が細かく違う。それを一つ一つ変更しなければならず、全国でもほとんど例がなかった。

住宅への変更にあたっては、大阪ガス水谷知行氏が全面協力してくれた。コンバー

神戸コーニッシュビル

神戸新聞（夕刊）　2010年（平成22年）4月7日　水曜日

神戸新聞
夕刊
発行所 神戸新聞社

異例の用途変更

業務ビルがマンションに

神戸・生田川沿い

壁上の大きな電飾時計で知られ、かつて旧森真珠の本社だった神戸・生田川沿いの「森真珠センタービル」（神戸市中央区）が、現代風の賃貸マンションに生まれ変わった。建物の本体はそのまま残して内部を改装する「コンバージョン」と呼ばれる手法で、建て替えより工事費が安い。大型テナントビルを賃貸マンションに用途変更するのは関西でも例がないといい、オフィス需要が低迷する中、テナントビルの新しい活用法として注目されている。（松井 元）

同ビルは、地下1階地上9階建て、延べ床面積約3800平方メートル。インテリア販売のヤマギワ（東京）が1974年に神戸店として建設した。85年に森真珠が買い取って本社にしたが、2001年に経営破綻。その後、地元不動産会社が所有していたものを、昨春、不動産会社のコーニッシュ（大阪市）が購入した。

オフィスの需要低迷で　安価な新活用法

同社は不況でオフィス需要は少ないと判断し、賃貸マンションへの用途変更を決めた。建て直すと多額の費用がかかる上、現行の建築基準法では容積率を約3割縮小しなければならないため改装を選んだ。

大阪ガスと協力し、ほぼ半年かけて2月末に完成した。建物の構造はそのまま使い、居室に区切って、窓ガラスの入れ替えや水回りなどを整備。新築に比べ工事費は3分の1、期間は半分で済んだという。

工事費を抑えた分、外観や部屋のデザイン、設備を充実させ、セキュリティーも完備。家賃は共益費込みで5万7千～11万1千円と周辺の相場より安く、すでに39室が全室契約済みだ。

コーニッシュの今村聡三社長(53)は「古いオフィスビルは立地条件がよく、賃貸マンションに変更しても魅力は高い。新たな物件があればまた取り組みたい」と話している。

オフィスビルを改装した賃貸マンション。時計も現代風のデザインに変更した＝いずれも神戸市中央区二宮町1（撮影・吉田敦史）

電飾の時計で親しまれた改装前の「森真珠センタービル」

ション工事が終わった時には、神戸新聞にも大々的に取り上げられ、全国からの見学も引きも切らず、最終的には六〇〇社からの見学があった。また、周囲の人からも、空ビルだったときは暗くて怖かったが、明るいマンションへ変わったと喜んでもらえた。

現在では、この賃貸マンションはコーニッシュクレスコが保有し、神戸支店が管理しているが、大阪ガスの協力を得て、床暖房、一坪タイプの浴室、液晶ＴＶ、ミストサウナ、食洗器、ＥＶのＷセキュリティ、ホームセキュリティなどの最先端の機器を満載したものとしたこともあって、今現在も稼働率一〇〇％、入居待ちの申し込みもある状態である。

同様な手法で、取得し、コンバージョンにより新しい価値を付加して収益性を高めたうえで物件を売却する、というのが親会社であるコーニッシュが近年特に力を入れるとともに得意とする事業である。神戸支店の近くの水道筋商店街でも、経営不振に陥ったパチンコ店を買収し、アスレチックスタジオ、ドラッグストア及び賃貸マンションへコンバージョンし、新たな賑わいを演出した。地元の商店街の店主たちも商店街全体が活性化されたと喜んだ。

子会社のコーニッシュクレスコは、この一連の過程の中で「賃貸化した物件を保有し、安定的な収益を得る」という部分を担っているのだが、コーニッシュでは元々、長期にわたる保有は行っていなかった。コーニッシュクレスコが保有し、コーニッシュの管理下でテナントを確保し、安定した賃貸経営で一定の収益が上がるようになったら、あまり時間をかけずに買い手を見つけ、売却するのが本来のビジネスモデルである。

コーニッシュの収益基盤は、このように取得した不動産の価値を高めた後、売却する不動産売買業によって、確固としたものとなっていったが、ある程度の収益基盤が整ってきたら、徐々に不動産としての価値が高い物件は、売却せずにそのまま保有を続ける物件も増えてきている。

超大手の不動産会社が長年生き残っている理由は、不動産の安定した家賃収入があるためである。今村は、コーニッシュの収益基盤を売買収益から家主としての賃貸収入へと軸足を移していった。安定した収益源の確保は、取引銀行のバックアップがあったから可能となった。今村は言う。

「金利の低い銀行から融資を受けるより、当社を長期的な視点からしっかりとバックアップしてくれる安心感のある取引銀行に応援していただいてきたから今があると思います」。

コーニッシュ神戸支店の独自性

前章で触れたように、コーニッシュは一九九四（平成六）年九月に「大阪駅前第2ビル」へ本社を移転すると、そのわずか二カ月後の同年一一月には東京の港区赤坂に東京支店を開設している。この東京支店は、一般的にイメージされる「地方に本社を置く企業が、東京に支店を出店する」ケースと同様の経緯で設立されている。

すなわち、大阪の本社から人員を送り込み、東京市場における拠点を確保した、というケースである。現場の従業員は現地採用をするが、支店長をはじめ、場合によっては管理職クラスの人間まで本社から派遣された子飼いのメンバーが占めている。無論、支店開設後、何年か経つうちには、現地採用の社員から管理職や支店長に昇格する者が出てくることはあるだろうが、基本的にその人事権は本社にある。

これに対して、二〇〇七（平成一九）年六月に開設された神戸支店には、発足に当たって大阪本社からの人員を一人も受け入れていない。すなわち、支店長以下、神戸支店のメンバーは全員がコーニッシュにおいては外様《とざま》の人員で成立しているのである。

開設以来、神戸支店長を務め続ける木下雅晴は言う。

神戸支店長　木下雅晴

「私は一九八九（平成元）年に大学を卒業して、当時、神戸市で一、二を争っていた大手不動産会社に就職しました。今村社長、いえ、まだコーニッシュを立ち上げる前の今村聖三さんとは、直接の取引こそありませんでしたが、その頃から面識はありました。この神戸の会社は、バブル崩壊の影響もあって一九九三（平成五）年に倒産してしまいますが、東京に本社のある大手不動産会社H社が事業を買い取り、引き続きそこの神戸支店に勤めるかたちになりました。

ところが、二〇〇七年になって、東京の本社が神戸からの撤退を決定したのです。その頃には、私が神戸支店を任されていたのですが、部下を抱えて、この先どうしたものかと困っていたところ、たまたま今村社長とお会いする機会があって、思い切って相談してみることにしました」

木下一人のことであれば、希望すれば東京へ転勤することも可能だったかもしれないが、部下たちはそうもいくまい。それに、不動産業というのは基本的に地域密着型のビジネスだから、勝手のわからない土地へ移ってしまえば、それまで通りのやり方では通用しないこともわかっていた。

木下の相談を受けて、今村聖三は即座に言った。

「なら、うちの会社で神戸支店をつくろうか？」

「え……？」

旧知の木下一人ではなく、部下たちも全員、コーニッシュで面倒を見ようと言うのである。木下にしてみれば願ってもない話であった。

「普通、そんなことを言ってくれる人はいませんよね。それなのに、今村社長はあっさりとそう言い切ってくれたのです。ありがたいのはもちろんですけど、あの時はそれ以上に、信じられないという気持ちでいっぱいでした」

木下はしみじみと当時を述懐する。H社の東京の本社にそのことを報告すると、本社側としても望外の申し出であったようで、必要な業務の引き継ぎを済ませると、木下たち五人のメンバーは全員がコーニッシュの社員として転職することになった。

晴れてコーニッシュの一員となった木下たちは、今村聖三の命を受けて新たな事務所探しに奔走した。今村は――ちょうどその頃、大阪の本社移転を控えていたという事情もあったのかもしれないが――基本的に「神戸のことは全部任せるから、自分たちで何とかしろ」というスタンスで、木下たちの事務所探しについても口出しするようなことはなかった。

かくして、大阪本社移転から二カ月後の二〇〇七年六月某日、ローレル神戸駅前に新しく「コーニッシュ神戸支店」が誕生する。支店である以上、社長は今村ということになるが、本社からお目付け役を送り込むようなこともなく、実質的には支店長の木下がすべてを取り仕切る別会社に近い独立性を持った組織であった。

「あれから一四年になりますが、神戸支店のメンバーは今も当時のままです。一人だけ、一級建築士免許を持っていた者が、事業免許の関係で大阪本社に異動することになりましたが、現在も全員が神戸支店生え抜きのメンバー構成になります」

言うなれば、神戸支店はコーニッシュの地方拠点というより、M&Aでコーニッシュに買収された傘下のグループ会社のような存在なのである。それ故にか、同じ支店という立場である東京支店はもちろん、コーニッシュクレスコでさえ独自のホームページは持っていないにもかかわらず、神戸支店は親会社のそれとは別に、独自のホームページさえ持っている。

開設――設立、と言ったほうが近いかもしれないが――当初の神戸支店では、以前の会社と同様の宅地開発及び建売住宅の販売を中心に行っていた。明石市から神戸市郊外の田園地帯の土地を購入し、道路の造成から始めておおむね一戸当たり四〇坪前後の宅地を約三〇~四〇区画造成して、コーニッシュ独自のデザイナーズ住宅を建築する。建て売りの他に注文住宅の需要もあり、景気の波に左右されるものの、分譲住宅は即完に近い状態で完売し、年間で五〇～六〇戸ほど売れていたという。

戸建て開発事業は現在も継続しているものの、建築からは手を引き、最近はロットで土地を購入して建売業者に卸すやり方に変更している。これは今村の方針で、建売の直売の体制がとれないこと、売却後のアフターサービスが難しかったため、収益物件中心のビジネスに切り替えているのだという。


神戸支店の発足から一年余りが過ぎた頃、今村が木下に言った。

「――もうそろそろ、自社ビルを考えたいな」

神戸駅前の神戸支店事務所は、立地という点では申し分なかったが、それだけに月々の賃料もバカにならない。賃借のまま高額の賃料を支払い続けるよりは、少々立地は不便になっても自社ビルを取得して収益物件化し、そこに管理を兼ねた支店事務所を設け、テナントから賃料収入を得るほうが合理的だというのが今村の考えだった。無論、神戸支店にとっても悪い話ではない。

ビルを一棟買おうというのだから、安くても数億円単位のビジネスである。勝手のわからない木下が今村に一任していると、思いがけずあっさりと今村は物件を決めてきた。だが、その物件の名を聞いて、木下は一瞬、絶句したという。

二〇一二年にO信用金庫の顧客組織の会長に就任。会員の中心者として会をまとめている。

——地元では有名な、「お化け屋敷」と呼ばれるビルだったのだ。

「元々は、森真珠が本店を構え、照明やインテリア販売のヤマギワの神戸支店が入居するビルだったそうですが、所有していた不動産業者が一度もリノベーションをしていなかったので、その頃はテナントが一件も入っていない廃墟同然のビルでした。

その物件に融資していた金融機関から今村社長に『こういう物件があるんですが、コーニッシュさんはこういうリノベーションお得意でしょう? 何とかなりませんか?』と相談があったのです。それを聞いて、今村社長は『立地も良い物件だし、いけるだろう』と判断され、購入を決めたようです」

物件の購入に当たって、木下や神戸支店には事前に何の相談もなかったという。もし事前に聞かされていたら、木下はおそらく反対していたに違いないという。だが、木下が知らされたときには、すでに物件を購入を決断した後であった。

このビルの竣工は一九七四(昭和四九)年で、購入時点で築後三六年が経過していた。旧耐震基準で建てられている上に、神戸市は去る一九九五(平成七)年一月の阪神・淡路大震災に見舞われており、当然、このビルも震災を経験している。表面的には被害を免れているとはいえ、万一、躯体《くたい》の部分に何らかの損傷を受けていればそのまま使用することはできない。しかも、竣工当時とは建築基準法が変わっているから、仮に取り壊して建て替えるとしても、容積率の点で同規模のビルを建てることはできないのである。

「――それもありますから、一時期、結構、気をもみましたね。社長は購入を決断し、どんどん話を進めている。その後で調査することになりましたから、もう怖かったですよ。もし、調査して耐震強度や何かに問題があったら、もうダメですからね。社長には自分の考えを伝えたのですが、購入する意思が固かったので社長の気持ちを動かすことはできませんでした。

調査の結果、幸いなことに、躯体に問題はないということがわかって、ホッとしました。竹中工務店さんの施工物件だったのですが、スラブ厚は現在では考えられないくらい分厚いもので、強度は十分でした。後で聞いたところ、社長は事前に旧知の竹中工務店の神戸支店長に、本物件の耐震性について聞いていたようです。

その後、全面的にリノベーションしまして、一階を店舗、二階に神戸支店の事務所を入れて、三階から上はレジデンスにコンバージョンすることにしました。駅から徒歩一〇分余りという立地の問題もあって、オフィスビルだとテナントづけが難しいということはわかっていましたが、賃貸マンションにすれば集客が見込めますから」

当の今村自身は、物件取得を決めた理由について「あれは、立地の良い物件だと思ったから」と即答した。銀行からの話でもあり、チャレンジしてみたかったのだと。物件の購入資金を融資してくれたO信用金庫の理事長が、「いいものにしてください。いいものにするためには必要なだけ融資するから」と、今村の背中を押してくれたことも大きかった。

ただし、理由はそれだけではなかった。「お化け屋敷」といわれるくらいのビルだけに、周辺の住民たちは迷惑がるだけでなく、気味悪がっていたのである。

「ビルの前を歩くだけでも怖い。子どもたちもおるし、早くきれいにしてほしい……」。ビルの裏手のマンションの住人たちからそんな声を聴いていた今村は、そういうことなら今までの経験を生かして、一度徹底的にきれいにしてやろうと考えたのであった。

この難しい物件が成功したのも、今村の人間関係がその道筋をつけたものであり、周りの関係する人への配慮も忘れなかったからであった。

かくして、支店開設から一年半後の二〇一〇（平成二二）年五月、生まれ変わった神戸の「コーニッシュビル」の二階にコーニッシュ神戸支店は移転した。同時に、前述した通りコーニッシュクレスコの神戸支店も同じ事務所に登記している。

三階から上の賃貸マンションの開発は、大阪ガス株式会社の協力を得られたことが大きかったと木下は証言する。

「当時の大阪ガスの担当の水谷知行様には本当にお世話になりました。事務所開設のお祝いに頂戴した記念品は、今もオフィスに大切に飾ってあります。

レジデンスの内装・設備に関しては、分譲マンションの仕様以上の物にしたいと考え、大阪ガスのホームセキュリティや、ミストサウナ、浴室テレビに床暖房と生活を快適にできるものすべてを導入しました。一戸につきだいたい五〇〇万円前後、総額にして二億円と少しかかりましたが、お陰様で、すぐ満室になりました。現在も、入居希望者が引きも切らず、順番待ちになるくらいの人気物件になっています。現在も賃貸マンションとしての価値を高めるため、スマートキーの導入などに継続して取り組んでいます」

神戸支店では二〇一三（平成二五）年には、宝塚市で全個室一〇〇室の有料老人ホームの開発に成功した。

運営会社は、二〇〇五（平成一七）年に初めて老人介護事業に進出したにもかかわらず、二〇一八（平成三〇）年には東証一部上場など急成長を果たし、二〇二〇（令和二）年六月期には五九ホームを運営するまでとなったチャーム・ケア・コーポレーションであったが、現在では高級老人ホームの運営者として国内屈指の同社にとってもこのチャームスイート宝塚売布《めふ》は、同社の発展のきっかけとなった最初のプレミア物件（チャームスイート）であった。このように神戸支店は、様々な案件を手掛け、兵庫県内におけるコーニッシュグループ躍進の原動力となっている。

「玉光湯 ひじりのね伏見店」を開業し温泉事業に進出

二〇一三（平成二五）年四月、コーニッシュグループは新規事業として京都市伏見区にスーパー銭湯「玉光湯《ぎょっこうゆ》 ひじりのね伏見店」を開業する。創業以来、不動産業とその派生事業のみを生業としてきたコーニッシュグループにとって、新たな収益源の構築を目指したサービス業への進出であった。コーニッシュ温浴事業部の部長である鍋本光昭は言う。

「よく『ひじりの〝ゆ〟』と間違って呼ばれますが、正しくは〝ね〟。根っことか、根源という意味の〝ね〟なんです」

今村聖三がこだわるその名を与えられた施設は、いわゆる「スーパー銭湯」である。露天風呂やサウナ、様々な効能の泉質を持つ温泉などの温浴施設を中心に、飲食やマッサージなどのサービスを行うスーパー銭湯は、街中で気軽に出入りできるリラクゼーション施設として一九八〇年代半ばに誕生し、全国に急速に普及した。

内風呂の普及により今や全国津々浦々で淘汰《とうた》されつつある「銭湯」と、レジャー施設

伏見 玉光湯
ひじりのね
玉光湯
ひじりのね

伏見 玉光湯
ひじりのね
玉光湯

として高額の料金設定をしている「健康ランド」の、ちょうど中間的なサービス形態と言える。入浴料は銭湯よりは高めに設定されているが、健康ランドに比べればはるかに安上がりで、しかも都心の繁華街からも比較的近場にあるため、仕事帰りや空き時間などにふらっと立ち寄ることもできる。

世界有数の火山国である日本では、採算を度外視すれば理論上どこを掘っても温泉が出ると言われており、実際に地下から汲み上げているところもあるが、この「玉光湯」では三重県亀山市にある源泉から運んできた湯を露天風呂に使用している。今村自身は、本音としては掘らせたかったようだが、京都市街地にあるこの地域では掘削工事の難度も高く、仮に温泉を掘り当てたとしても、地下泉脈の温度・湯量などの問題もあって、採算が合うという保証もなかった。

「亀山の湯は、大和ハウスグループの経営する『タートルエースゴルフ倶楽部』というゴルフ場の開発の際に掘り当てたもので、泉質はナトリウム－炭酸水素塩・塩化物温泉です。ここは以前、大和ハウスグループの子会社が経営していた『やまとの湯』というチェーンの一つだったので、以前からそのようにしていたそうです」

鍋本によれば、コーニッシュと大和ハウスグループの温泉事業との縁は、二〇一〇（平成二二）年の暮れ頃までさかのぼるという。

当時、ダイワハウスグループ会社の一つである大和システム株式会社は、建築事業、不動産事業、温浴施設の開発・運営、マンション分譲事業などを手広く行っていた。この大和システムは、最盛期には東証一部上場（現在は非上場）にまで上りつめた大手であったが、徐々に経営が悪化し、二〇一〇（平成二二）年一〇月には民事再生の申し立てを行うことになった。これに伴い、不採算事業の売却が行われ、同社の子会社で温浴施設を運営する株式会社やまとの湯は廃業、その頃全国各地に展開していた温浴施設チェーン「やまとの湯」の運営は、二〇一一（平成二三）年九月から湯快生活株式会社に引き継がれた（なお、湯快生活はその後親会社が倒産し、日本総合ビジネス保証株式会社へ商号を変更したが、二〇一五年三月に廃業している）。コーニッシュは、この「やまとの湯」チェーンのうち玉光湯・ひじりのね伏見店の運営を引き継いだ。伏見店は、購入当時は年間二〇万人程度の集客だったが、今村のお客様に喜ばれる施設にしたいという熱意から設備投資を怠らなかったため、現在は年間約三三万人の入浴客を集めるようになった。

コーニッシュは、この新規事業のために温浴事業部を立ち上げ、定款の事業目的に「温浴施設の運営」を追加し、京都市の温泉利用許可及び公衆浴場営業許可を取得した。

さらに設備投資も積極的に行った。ウッドデッキ増設、お地蔵様建立、レストラン改修、サウナ改修、ボイラー更新、エアコン更新など、次々と玉光湯の魅力を上げるための投資を惜しまなかった。

また、温浴施設だけでなく、その他の投資も行った。わざわざ来ていただくお客様は、スーパー銭湯に単にお風呂だけに入りに来るのではない。お風呂を中心として、日常の喧騒から離れてリラックスできる空間を求めてくるのだ。

今村は、併設するレストランをお客様に楽しんでもらうため、和と洋のそれぞれの料理長を雇うよう指示し、質の高い料理を低価格で提供している。今村が常日頃から口を酸っぱくして言っている「相手のことを考え、相手が望むことを考えることが、商売では大事」を地でいく運営を行っている。

開業以来、地元の多くの利用客がリピーターになっているだけでなく、旅行客の来店も多い。年末年始やお盆の繁忙期には、駐車場がいっぱいとなり、駐車場待ちの状況も発生するというから、その盛況ぶりがわかる。

観光地である京都には、海外からも多くの観光客が押し寄せるが、特に韓国や中国から訪れるツアーの中には、わざわざこの「玉光湯　ひじりのね伏見店」を指定してくるツアーもあったほどだという。

二〇一九年暮れに中国の湖南省武漢市で発見された新型コロナウイルス感染症は、わずか数カ月のうちに全世界に蔓延し、おびただしい数の感染者及び死者を出している。日本では四月七日に東京をはじめとする七都府県に対して政府による「緊急事態宣言」が発せられ、同一六日には対象地域が全国へと拡大した。

緊急事態宣言下の対応については、各自治体によって多少の差異はあったものの、不特定多数の人間が接触する可能性のある施設では公・民を問わず、軒並み休業を要請されることになった。無論、不特定多数の来客が「裸で」接する機会のあるスーパー銭湯も例外ではなかった。

緊急事態宣言に基づく休業要請は、五月下旬までには全国で解除されたものの、引き続き政府の提唱する「新しい生活様式」に沿った施設運営が励行され、民間側でも独自に様々な感染拡大防止策を講じる必要に迫られている。

「玉光湯　ひじりのね伏見店」では、それまで使用後に洗濯・消毒して再利用するレンタルのバスタオルを貸し出していたが、これを使い捨てタオルに切り替えたのをはじめ、併設施設である「伏見食堂　花づかし」は、緊急事態宣言中は休業することにした。いわば、スーパー銭湯としての機能をオミットし、ただの銭湯として営業を継続することにしたのである。

もちろん、一度に入れる人数に制限をかけ、入場時には体温計測をしてもらい、施設内で手を触れる設備機器等には次亜塩素酸などの薬剤を散布して消毒を随時行い、館内ではマスクの着用を徹底してもらった上でのことである。もちろん、営業時間も短縮し、夜一〇時には閉店した。それだけのことをしても、周囲のスーパー銭湯は次々と休業していく。鍋本は思い余って今村に相談した。

今村聖三はきっぱりと言ったという。

「周りの店が閉めたんならなおのこと、うちは営業を続けていこう」

鍋本は思わず絶句した。だが、その後に続く言葉で、ようやく今村の真意がわかった。

「よそが皆、五月六日まで閉めると言うのであれば、逆にそれまでは絶対に開けていこう。普通の銭湯は運営できるのだろ。うちは、今銭湯だけに機能を絞っているんだ。お風呂は人の生活にとって欠くことができないものだろ。店の周辺には銭湯はない。お客様の中には、お風呂に絶対入りたいっていう方がいるはずだ。一人でもいらっしゃるんだったら、開けておかなくてはいけない。」

近隣で唯一、営業しているということで、さまざまな反響があったという。

ただ、休業要請がスーパー銭湯に対するものであり、一般の浴場は運営を認められていたため、入浴だけに機能を絞ることで運営を続けた。その後、新たな休業要請はなかった。どうも京都市には、地元の人たちから、「ひじりのね」が休業したら、風呂に入れなくなるという声が届いていたらしい。

今村が大事にする人とのつながりを現場でも大事にしてきた結果が、地元の人たちの声という形で京都市に届いたものかもしれない。また、足を運んでくれたお客様の中には、「ありがとう」と言ってくれる人も少なくなかったのである。

「どこも閉まっとるのに、おたくは開けといてくれて助かるわ。ありがとさん」

その言葉を聞いて、周囲の無理解に苦しんでいた鍋本や従業員たちは、すっと心が軽くなったように思えたという。

「宣言解除後は、『相手と身体的距離（ソーシャルディスタンス）の確保』『マスクの着用』『手洗いの励行』『咳エチケット』『三密（密閉、密集、密接）の回避』など、新しい生活様式を徹底しつつ、慎重に営業を再開しております。例えば、『花づかし』では最大一〇〇席前後までご用意することができますが、席を一部撤去し、間隔を空けて、大幅に席数を減らした上で営業を再開しました。

七月以降は、少しずつ旧来に戻しつつありますが、言うまでもなく、感染対策には十分すぎるくらい気を使っているつもりです」

幸い、今のところ利用客や従業員から感染者は出ていないというが、完全にコロナ禍以前の状態に戻るにはまだまだ時間がかかるだろうし、もしかしたら永久に元には戻らないかもしれない。

だが——今村聖三のことだ。それならそれで、必ずまた新しいやり方を見出していくことだろう。

コーニッシュグループによるサービス業への挑戦は、この「玉光湯　ひじりのね伏見店」一店舗だけでは終わらなかった。次節で登場する株式会社大阪農林会館もまた、「ホテルプラザ梅新北新地」の経営を通じて、コーニッシュの新たなサービス業の可能性に挑戦することになる。

大手デベロッパーを相手取り、「大阪農林会館」の取得に成功

二〇一〇（平成二二）年一二月、コーニッシュは新たに二棟のビルを取得した。言うまでもなく、コーニッシュはビルの売買を生業としており、毎年何棟も、時には一〇棟以上のビルをまとめて購入することもある。だが、この二棟、とりわけそのうちの一棟である〝そのビル〟に限っては、そうした通常の物件取得とは少々事情は違っていた。社長である今村聖三自身が、二年も前から週に一度はオーナーの元へ足を運び、通い詰めていたビルなのである。

大阪市中央区南船場三丁目に所在する、大阪農林会館がそれであった。

大阪農林会館は一九三〇（昭和五）年に竣工した、大阪市内でも有数の歴史的建造物である。同ビルは三菱商事（現・三菱商事株式会社）大阪支店として、三菱合資会社地所部（現・三菱地所株式会社）が設計したと伝えられる。かつて丸の内の三菱一号館などを設計し、この一〇年前に没した英国人建築家ジョサイア・コンドルの門下で、当時三菱地所に在籍していた曽禰達蔵、真水英夫、保岡勝也、桜井小太郎ら、多くの有名建築家が設計に参加しているという。

購入以前の大阪農林会館

一九二三（大正一二）年九月一日の関東大震災によって東京が甚大な被害を受けたことなどから、一九二〇年代後半から一九三〇年代前半にかけて、大阪は東京をしのぐ全国一の人口を擁する大都市となった。世に言う「大大阪時代」の到来である。大阪農林会館が建てられたのは、まさにこの大大阪時代のことであった。

やがて戦争が始まり、物資が不足してくると、政府は「金属類回収令」を発する。これにより、同ビルも内装に使われていた真鍮など多くの金属類を徴発されることになった。一九四五（昭和二〇）年三月の大阪大空襲では、南船場一帯は焼夷弾によって焼け野原となり、同ビルも外壁タイルの一部に被害を受けたが、建物の躯体はしっかりと持ちこたえ、無事に終戦を迎えることができた。さらに、戦後も米軍による接収を免れ、存続を許されたのである。

そして、一九四九（昭和二四）年に当時の農林省出身者複数人が三菱商事よりビルを購入し、「大阪農林会館」と改称して、農林省資材調整事務所・食糧事務所・食料品配給公専・関西砂糖部として業務を開始した。これに伴い、運営会社として株式会社大阪農林会館を設立・登記する。その後、一九七二（昭和四二）年に同社の株式を取得した会社が株式会社大阪農林会館の社名を継承し、オフィスビルとしてビル運営を継続してきた。

この大阪農林会館ビルを初めて見た今村はたちまち虜《とりこ》となった。南船場という当時の大商都大阪の中心にある歴史的かつシンボリックな建物に魅了された。今村が足繁く通っていたのが、この当時、株式会社大阪農林会館を取得し、会長職にあった菅原吾一氏のところである。菅原氏は資産家であり、数多くの不動産を有するほか、大手からベンチャーまで幅広い企業に投資している大株主としても知られ、また中央競馬や公営競馬に多くの競走馬を所有する馬主としても活躍している人物である。

今村が菅原氏の元をしばしば訪ねたのは、無論、この大阪農林会館というビルに魅せられたからであるが、それだけではなかった。菅原氏の人柄、人間性により強く魅かれていたからだ。

前章でも述べたように、今村は人と接するときに、相手の〝肩書〟や〝社会的地位〟ではなく、人間性そのものを見て、「相手は自分に何を求めているのか?」「自分が何をしたら相手が喜ぶか?」ということだけを考える。そんな今村だからこそ、菅原氏・井田氏との付き合いは表面的・実利的なものに終わらず、親しい友人としての人間関係を構築していったのである。

株式会社大阪農林会館の菅原会長とその片腕の井田社長のもとを今村は毎週のように訪ね、二人の人間性、豊富な知識、異なった業種での経験、幅広い人脈にいつのまにか

5F
NIMA

大阪農林会館
大阪農林会館
EURO CASA

魅了されていた。二人も息子と同じような年齢の今村の誠実で率直な人柄に対し心を許すようになっていった。

今村と菅原氏・井田氏が商売っ気抜きの交流を深めている間に、複数の大手不動産デベロッパーが大阪農林会館の買い取りに名乗りを上げたが、菅原氏はそれらの申し出をことごとく断っていたという。いずれも、社名を出せば誰もが知っている錚々《そうそう》たる大企業であり、提示された金額は莫大なものであった。だが、どれほど大金を積み上げても、菅原氏は首を縦に振らなかったのである。

昨日もどこそこの会社がここを買いに来た——と笑いながら話す菅原氏に、今村は言った。

「そうですか。そちらのほうが高く売れるなら、会長がそちらへ売却しても仕方がないですね。でも、それはそれとして、私はずっと会長とお付き合いさせていただきたいと思っていますから、よろしくお願いします」

そんなやりとりを繰り返しながら、今村は菅原氏との交流を重ねていた。仕事の話以外でも、たまたま菅原氏の子息と今村が同い年だったというような共通の話題もあったし、お互いに会話しているだけで楽しめる——要するに馬が合ったということだろう。

そんなある時、菅原氏は今村にこんなことを訊いてきたという。

「もし、君がこのビルを買ったとして、将来はどうしたいと考えている？」

今村は迷わず答えた。

「これだけいいビルですから、なるべくこのままの形で残したいですね。遠い将来外観だけ残して、その上に二八階とか、三〇階とか、それくらいの規模の超高層ビルに建て替えたいと考えています」

東京の丸の内や日本橋では、実際にそうしたコンセプトの再開発ビルが何棟か建てられている。建物の歴史的価値だけを重視する者からすれば、あるいは邪道かもしれないが、不動産業者としては当然すぎるくらいの発想であった。今村のその答えを聞いて、菅原氏は破顔一笑した。

「おう、それや、それ！　俺も同じこと考えとった！」

菅原氏は「実は、そういう設計図もつくってある」と言って、今村に図面を見せてくれたのである。そして、菅原会長から「大阪農林会館を引き継いでくれないか」と言われた時、今村も元々ビルに魅了されて、菅原会長のもとを訪ねるようになったのであるから、否応はなかった。

そこからとんとん拍子で話は進み、大阪農林会館は今村が引き継ぐことが決定した。同ビルの運営会社である株式会社大阪農林会館は、今村聖三が株式を譲り受け、代表取締役社長に就任した。同社はコーニッシュグループの一員に加わり、事業内容は不動産賃貸業の他に、「ホテル事業の運営」とした。これについては次節で述べる。

ビルの将来像という点で意見の一致を見たことが購入に繋がった大阪農林会館は、取得した時点で、九〇％以上の稼働率を維持しており、テナントも長年親しまれてきた有名な店舗や企業が多い。現在もテナントの入れ替わりはほとんどなく、同じテナントが入居し続けているという。テナントは、九〇年前に製造された鉛ガラスを通した微妙な光、今の職人の手ではおそらく再現ができない漆喰による壁装飾、使い古されたマホガニーの階段手すりが放つ魅力は何にも代えがたい。それだけ多くのテナントに愛されているビルである。

タイルが剝がれ落ちたとして、そのタイルがまだ使えるならもう一度貼り直す――というやり方で補修を重ね、可能な限り竣工当時の面影を残すように、大切に使用されてきたビルである。それどころか、コーニッシュによる取得後には、天井照明の一部を、蛍光灯から竣工当時に使用されていたシャンデリア（同じデザインのレプリカだが）に交換したほどである。「明るさと、温かさがぜんぜん違う」という理由で、今村が、ビルに残されていた当時の図面から再現したものだ。

館内にある時計はすべて、一階エレベーターホールの大きな柱時計と連動して同じ時刻を示しており、柱時計は係員が毎日ぜんまいのネジを巻いているという。また、二階から四階の壁の一角には竣工当時からある巨大な金庫がはめ込まれているが、単なるインテリアとしての意匠ではなく、貴重品置き場や倉庫として現在も使用されている。

「歴史ある古い建物が好き」と公言している今村だから、これらの内装設備についても個人的な思い入れは少なからずあるようだ。とはいえ、菅原氏に言った「外観保存の上で、超高層ビルに建て替えたい」という構想も、交渉の際の方便などではなく、まぎれもなく今村の本音である。

ゆくゆくは建て替える、という方針は変わっていない。そのための準備として、大阪農林会館に隣接する時間貸駐車場の土地はすでに大阪農林会館が取得しており、ここと繋げれば五〇〇坪超の敷地が確保できるという。いずれ時期が来れば、建設の槌音が響くに違いない。

「プラザ梅新」を買収し、ホテル業を開始

今村が菅原氏とのこのとき取得した不動産は、大阪農林会館一棟だけではなかった。

菅原氏には、前述のように野心満々の起業家を支援するインキュベーターとしての顔

プラザ梅新ビル

もあり、多くの企業が菅原氏の支援によって成長を遂げている。名古屋市に本社を置く大手総合リゾート企業、リゾートトラスト株式会社もその一つだ。

リゾートトラストの前身は、一九七三（昭和四八）年に創業した宝塚エンタープライズ株式会社であり、同社は一九七四（昭和四九）年に名古屋市中区に都市型ホテルスタイルの分譲マンション及び高級テナントビル「ヴィア白川」と岐阜県郡上に第一号の会員制リゾートホテル「サンメンバーズひるがの」を開業したのを嚆矢《こうし》として、一九七八（昭和五三）年二月に会員制のアーバンホテル「サンメンバーズ大阪梅田」を大阪市北区に開業した。

サンメンバーズブランドの一号館は岐阜県郡上郡高鷲村の「サンメンバーズひるがの」であったが、こちらはリゾートホテルであり、同ブランドの二号館に当たる「サンメンバーズ大阪梅田」は、都心部に建てられたアーバンホテルとして現在のトラスティホテルシリーズに繋がる同ブランド第一号物件とも言える。

サンメンバーズ大阪梅田の入居を前提として、一九七七（昭和五二）年一二月に「プラザ梅新ビル」を建設した。

同ビルは大阪市北区西天満四丁目という住所にあり、北側は大阪駅前のオフィス街、南に大阪市役所や日銀大阪支店、東は大阪地方裁判所・高等裁判所があり、法曹関係者の事務所が集まる一角を控え、さらに西側には大阪の夜の顔である北新地が広がる。JR東西線「北新地駅」や大阪メトロ谷町線「東梅田駅」から徒歩四分、「大阪駅」や「梅田駅」からも徒歩圏にある。

ビル名の「梅新」は「梅田新道交差点《うめだしんみちこうさてん》に立地するためだが、梅田新道交差点は大阪市の御堂筋と曽根崎通の交点である。略して単に「梅田新道」あるいは「ウメシン」と呼ばれることが多い。国道一号と国道二号など七本の国道の結節点である。日本で唯一、四方向それぞれに国道一号、二五号、一七六号と異なる番号の国道が延びる交差点と言われており、これに重複して国道二六号、一六三号、一六五号も梅田新道交差点に集まっている。

そのような立地を踏まえプラザ梅新ビルは地上一五階・地下一階建ての複合ビルとし、地下一階から四階までの低層階に商業店舗、五・六・七階が分譲オフィス、八階以上の高層階に「サンメンバーズ大阪梅田」をメインにホテルスタイルの分譲住居という構成とした。その中でも一階から四階には、竣工後長らくリゾートトラスト大阪支店が入居していた。設立当初から菅原氏はリゾートトラスト社の支援を惜しまなかったようだが、そうした結果、リゾートトラスト社は順調に業容を拡大し、同支店は二〇一四（平成二六）年にプラザ梅新に隣接する住友生命御堂筋ビルを取得し、移転した。

プラザ梅新ビルは、商業店舗・事務所・住居及びホテルを擁する複合ビルであったため、その運営・管理を行ったのが、株式会社大阪農林会館であった。プラザ梅新の建物管理を行うだけでなく、サンメンバーズ大阪梅田開業時からホテル運営業務、つまりフロント業務、客室清掃業務、リネンやアメニティ交換業務などを一括してリゾートトラスト社から受託していた。

大阪農林会館が、リゾートトラスト社からホテル運営業務を受託するにあたっては、元リゾートトラスト社副社長だった高浪宣昭氏の指導によるところが大きかった。同社を退任した高浪氏はプラザ梅新ビルにオフィスを構え、種々の活動に忙しい日々を送っていたが、その合間に大阪農林会館の業務について、今村に細々としたアドバイスを送ってくれた。

二〇一〇（平成二二）年一二月、今村は菅原氏より大阪農林会館を保有する株式会社大阪農林会館とプラザ梅新を保有する三協興産を譲り受けた。今でいうM&Aであるが、前に触れた経緯を考えると菅原氏が今村の為人《ひととなり》を信頼し、菅原氏の夢を、事業と建物と一緒に今村に引き継いでもらおうと考えたのかもしれない。

今村は取得と同時に、プラザ梅新ビルの最大の特徴であるフロントを含む一階ロビーエントランスをはじめとする全館のリニューアル工事を行った。広々としたエントラン

今村に丁寧な指導を行ってくれたリゾートトラスト株式会社元副社長 高浪宣昭氏

スは、ビジネスの商談スペースとして、あるいは来館者の待合スペースとして使用することができる。

同ビルでは、ホテル業務の宿泊客対応のために二四時間三六五日常駐のフロントサービスを行っており、フロント業務には分譲オフィスに入居するテナントや来館者への対応も含まれている。

フロントでは、テナント宛の郵便物や宅配便などの預かりはもちろん、テナントを訪ねてきた来客の対応なども行っており、特に個人事業主にとっては秘書的なサービスとなる。業務で外出しているときの不意の来客にも対応するフロントサービスは、起業したばかりの個人事業主にとって力強い味方となった。

ＩＴの発達とともに最近では固定したオフィスをもつ必要性が薄れたものの、社会的な信頼を得るためには、ある程度の名が通った場所に登記上の本社を置きたい。そのようなニーズに対応するサービスオフィスがＷｅＷｏｒｋに代表されるように世界的に増えているが、プラザ梅新はその走りともいえる。

そして、このフロントサービスをはじめとするプラザ梅新運営業務全般を株式会社大阪農林会館が受託してきたが、同社がコーニッシュグループの傘下に加わった後も、それは変わらなかった。しかし――その状況が大きく動くことになる。

「サンメンバーズ大阪梅田」を営業停止し、リゾートトラスト社は退去することになったのである。

退去するリゾートトラスト社の代わりに、今村が長年にわたって大阪農林会館が「サンメンバーズ大阪梅田」運営で培ってきたホテルの運営ノウハウを生かし、自力で新しくホテルを設立する判断をしたことになったのは、きわめて自然な流れであった。それが「ホテルプラザ梅新北新地」である。

コーニッシュグループにとって――運営受託ではなく、運営のリスクをとるかたちとしては――初めてのホテル業への挑戦であり、前出の「玉光湯　ひじりのね伏見店」に続いてのサービス業への挑戦であった。

とはいえ、もともとサービス業に進出して多角化経営をめざしていたのかといえば、そういう意図ではないらしい。今村は言う。

「ホテルは、あくまで不動産を取得する行為の一部としてついてきたものです。しかし長年にわたり運営を受託してきたため、ホテルを運営する自信はありました。さらに折からのインバウンドの劇的増加は、ホテル業の価値を高め、ホテルを内包するプラザ梅新は、不動産としての価値が高く評価された売り物になります。このように不動産価値に還元できるものは貪欲に、やっていこうと考えています。

例えば、温浴事業にしてもそうです。スーパー銭湯も不動産に絡んだビジネスですが、一方でお客さんからの不動産情報を収集できる格好の場所となります。そういうものは全部手掛けていこうかな、と」

なお、「サンメンバーズ大阪梅田」時代の客室数は約一〇〇室だったのに対し、「ホテルプラザ梅新北新地」の客室数は三〇室と三分の一以下に減らしている。ただし、旧ホテルと同じ間取りのまま居抜きで使用しているわけではなく、客室の広さも含めて全面的にリニューアルした。

客室は、『ビジネスルーム』、『デラックスルーム』、『ジュニアスィートルーム』、『スィートルーム』の四タイプ。これらのホテル客室が、八階から一五階にある。

そして、サービスオフィスの根強い需要に応えてホテル客室から転用したオフィスにした部屋も設けている。これにより、新たに賃貸可能な空き区画が多数発生したのである。

この空き区画のテナントリーシングを行ったのが、次に登場する株式会社ラインビルドだ。株式会社ラインビルドは、菅原吾一氏が二〇〇六（平成一八）年七月に設立した不動産会社であった。大阪農林会館と一緒に今村へ託され、コーニッシュグループの一員になった。

ラインビルドの事業内容は不動産管理業であり、本社所在地はこのプラザ梅新ビル。

買収以前から管理していた、大阪農林会館とプラザ梅新ビルの二棟に加え、コーニッシュグループ入り後は大阪府吹田市のレジデンス物件などやコーニッシュの保有物件が管理物件に加わっている。

ラインビルドは、元々、大阪農林会館が保有する二棟のＢＭ（ビルディングマネジメント。一般的にはビルメンテナンスともいう）を行っていたが、コーニッシュグループに入って、新しいミッションとしてＰＭ（プロパティマネジメント）事業に取り組むこととなった。

すなわち、ビルの故障・不具合の修繕、賃料の受領、トラブルの対応などの日常的な建物の運営・維持管理（ＢＭ業務）に加え、建物のリニューアルや付加機能の追加などテナントの満足度を上げる一方で、テナントリーシングによって満室稼働を実現し、ビルの収益パフォーマンスを最大化するという一ランクレベルを上げたＰＭ業務が重要なミッションとなったのである。

同ビルに入居したことで、例えば「収益が上がった」「知名度が上がった」「従業員定着率が上がった」などとテナントの満足度を高めていくことも、建物の収益パフォーマンスの最大化に繋がる。現状に満足しているテナントは、仮に賃料の引き上げを交渉しても応じてくれる可能性が高い。

実際に「サンメンバーズ大阪梅田」が退去した後、ラインビルドで営業に当たった課長の日高咲子は次のように証言している。

「（その時点で）すでに築四〇年以上経過していたため、老朽化したエレベーターの入れ替えや共用部分のリニューアルなど、新たなお客様に受け入れられる物件としてバリューアップしました。また、健康志向や高齢化社会など今後を見据えた上で、リーシングのテーマとしては『ヒューマンヘルス及びビューティー』を掲げました」

医療や健康促進関連の施設や店舗は、一カ所に集まることで相乗効果が期待できる。ある施設が目的で足を運んだ来館者が、たまたま別の施設や店舗を見かけて興味を示すことが考えられるからだ。伊藤たちラインビルド営業チームのリーシングによって、その後新たに「がんの遺伝子治療クリニック」、「二四時間営業のフィットネスクラブ」、「室内ゴルフ練習場」、「痩身エステ」、「脱毛クリニック」、「和装販売店」などの入居が次々と決まっていったという。かくして、プラザ梅新ビルのオフィス・商業フロアは、稼働率一〇〇％を達成したのである。

最後に、三協興産株式会社についても簡単に触れておこう。

三協興産もやはり菅原氏から今村に後事を託された会社である。

社会貢献活動にも積極的に参加。

三協興産は一九七一（昭和四六）年六月に菅原吾一氏が知人二人と協力して立ち上げた会社である。不動産の売買・賃貸・仲介・開発などを事業としている会社で、二〇一〇（平成二二）年五月にコーニッシュグループの一員となった。現在は、大阪農林会館の六階に本社を置いている。

大手総合商社をパートナーに大阪の街づくりへ進出

ここまで見てきたように、コーニッシュはリーマンショックの危機を回避した二〇一〇年代以降、短期間のうちにグループとして急成長を遂げ、温浴事業やホテル事業など、不動産業と地続きながらも異業種への進出を果たすことになった。また、現在も親交の深い菅原氏をはじめ、多くの人との新たな出会いもあった。

最近では、コーニッシュは大手総合商社丸紅グループと業務提携を結び、同商社との協業関係を強化している。その中で、同商社グループが保有する不動産を数多く取得している。

これは、海外取引が多い総合商社が外的な要因で迫られた構造改革に助力したという側面が強い。

つまり、二十世紀の後半、経済活動のグローバル化が進む中で、国や地域ごとに異なる会計基準はグローバル化の障害となっていた。そこで、会計基準を統一する作業が進められ、国際会計基準（ＩＦＲＳ）が策定された。このＩＦＲＳは、期間損益を重視してきた日本の会計基準から、貸借対照表を重視し、企業が保有する資産が将来生み出すキャッシュフローの現在価値でもって企業を評価しようとするもので、日本企業にとっては、まさしく企業運営における価値尺度が大きく変更となるものであった。

国際会計基準の日本への強制導入は二〇一五（平成二七）年を目標に進められた（これは、東日本大震災の発生や米国の対応の変更などにより、現在も先送りとなっている）が、丸紅は、その商売の性質上、ＩＦＲＳへの転換をいち早く行うこととした。二〇一五年には約二五〇〇億円の低収益資産を高収益資産への入れ替えを行うこととし、グループで保有する不動産はすべて売却することとしたのである。

しかし、保有不動産の売却は通常、日本では、会社業績が悪化したときに行われてきたため、一斉に売却すると丸紅に信用不安をもたらす可能性がある。そこで、少数の会社に絞って売却交渉を行うこととし、関西地区に保有する不動産については、二〜三社に絞って話を進めることとした。

コーニッシュもその一社に選ばれた。

丸紅とコーニッシュは、会社規模では大企業と中小企業というように大きく違う。おそらく丸紅から声を掛けられたら数多くの企業が買収に呼応したものと思われる。そのような中でコーニッシュに声が掛かったのは今村と丸紅の部長との出会い、そして彼らが一対一で構築してきた信頼関係が大いに関係している。

丸紅は、保有する不動産をコーニッシュへ売却する方針を固めたのだが、結果的に、コーニッシュはオフィスビル九棟や賃貸マンションなど総額一〇〇億円近い金額で丸紅グループから購入した。これも含めて、コーニッシュグループは現在、多数の物件を保有しているが、それらの物件の一つひとつが、今村とコーニッシュグループの基礎を固め、次のステージへの飛躍台となるに違いない。

終　章

走り続けてきた30年を振り返る

ＩＳＯ４４００１の認証取得

二〇一八（平成三〇）年一〇月八日――。

コーニッシュは日本国内で初めて、ＩＳＯ４４００１（提携事業関係マネジメントシステム）の認証を取得した。

第四章で述べているように、大多数の企業はＩＳＯといえばＩＳＯ９００１（品質マネジメントシステム）とＩＳＯ１４００１（環境マネジメントシステム）の二つの認証取得で満足してしまい（もしくは、手いっぱいになってしまい）、それ以上の認証取得に挑戦するところは少ない。

一つには、９００１と１４００１以外のＩＳＯ認証の知名度が低いということもあるだろう。一般に認知されていなければ、せっかく苦労して認証を取得しても、それによるＰＲ効果は望めない。つまり、苦労のしがいがない、というわけだ。

もう一つ、認証の目的とする分野がどちらかといえばニッチな、応用範囲の狭いものであったということもあるかもしれない。要は、認証を取得する意味が――あるいは意義が――感じられないというわけである。

例えば、コーニッシュが二〇一四（平成二六）年に認証を取得したＩＳＯ１０００２

（苦情対応マネジメントシステム）や、翌二〇一五（平成二七）年に認証を取得したＩＳＯ２７００１（情報セキュリティマネジメントシステム）などがそうだ。後者はまだしも前者は、業種によってはほとんど需要のない認証であったかもしれない。だが、「コーニッシュにとってはそれが必要だ」と今村聖三が判断したからこそ、認証取得に踏み切ったわけである。少数精鋭で幅広い業務をこなさなければならないコーニッシュの社員にかかる負荷を少しでも軽減し、確実に業務をこなせるようＩＳＯのシステムの導入をめざしたものである。

日本におけるＩＳＯ認証審査機関としては、一般財団法人日本規格協会（ＪＳＡ）、一般財団法人日本品質保証機構（ＪＱＡ）、一般社団法人日本能率協会（ＪＭＡ）……など、ざっと六〇前後あるが、すべての機関が全種類のＩＳＯ認証を取り扱っているわけではなく、特定の業種に特化している審査機関も少なくない。したがって、後発の、知名度の低いＩＳＯ認証の場合は特に、取り扱っている審査機関を探すところからスタートしなければならないことになる。

コーニッシュでは、前述のように二〇一四年のＩＳＯ１０００２の認証取得時から、ＢＳＩグループジャパン株式会社（英国国家規格協会）を審査機関に指定している。同社は、英国で一〇〇年以上の歴史をもつ認証審査機関の日本法人として一九九九（平成一一）年に設立された。母体であるＢＳＩは世界最大級かつ世界最古の認証審査機関であり、グローバルな知見を生かした審査・試験・研修・コンサルティングなどのサービスは、多くの企業から高く評価されている。その日本法人として、同社はマネジメントシステム・医療機器の認証サービスとトレーニングコースの提供をメインとし、規格開発のサポートを含め規格に関する幅広いサービスを提供している。

マネジメントシステムの認証サービスに関しては、国内に約六〇社ある認証機関の中で、もっとも多くの規格の認証サービスを提供している認証機関の一つである。同社によれば、今回のＩＳＯ４４００１（提携事業関係マネジメントシステム）とは、次のようなものであるという。

近年、業務部門間の単一部門やコンソーシアム、合弁事業など、組織の関係性はますます複雑化している。ＩＳＯ４４００１は、「民間及び公的機関を含む様々な組織が、協力的なアプローチに基づいて、相互に効果的かつ競争的なビジネス関係を構築し、発展させるための国際規格」として、二〇一七年三月一日に発行された。

大規模な多国籍企業や政府機関、非営利団体、中小企業などあらゆる規模の民間及び公的機関に適用され、業務部門間の単一部門や、コンソーシアムや合弁事業などのより複雑な関係に焦点を合わせ、様々なレベルの提携事業関係を効果的に管理することができるという。

このＩＳＯ４４００１の認証を取得することで、組織の競争力とパフォーマンスを強化し、今日の市場に対応できる幅広いメリットをもたらすことが可能となる。したがって、同社は今後も同規格の認証サービスの拡大を通じて、今日の市場に対応できる組織の競争力強化とパフォーマンス強化を提供できるように努めていきたいということだ。

コーニッシュがＩＳＯ４４００１の認証を取得した理由については、今村聖三は次のようにコメントしている。

「収益不動産の売買を中心に成長してきた当社は、再来年（注：二〇二二年）に創業三〇年を迎えます。この間に、ストックした優良不動産をベースに、賃貸事業、分譲事業、ホテル事業、温浴事業及び不動産のＰＢＭ事業など、収益事業を多角的に取り組んできました。

これまでは、それぞれの収益事業の運営を軌道に乗せることに注力してきましたが、各事業で育てた人的資源・ノウハウなどが、各々の事業に固定化し、有効に活用されない傾向がありました。一方で、各々の事業では、十分な体制が整わない中で事業を遂行してきたため、能力を補うための外部委託が増え、経費増が目立ってきました」

そこで、各事業セグメントの役割・強みを再定義した上でグループ内に周知させ、組織相互間での連携を意識づけるようにしたという。

また、ＩＳＯの活動を通じて組織間会合を定期的に行い、情報交換の機会を増やしたのだが、これが効果的に働いたのではないかと今村は分析している。

一方で、各組織は、それぞれの成功を支えてきた業務手法や外部委託に安心感があるため、従来と異なるやり方を本社主導で導入することに対してはやや抵抗感があった。彼らの意識を変えていくには多少の苦労もあったが、「ＩＳＯ活動の結果として、組織間連携を図る」という手法のほうが、現場にスムーズに組織連携の考え方を浸透できるという結論に至ったという。

また、ＢＳＩグループジャパンを認証審査機関に選んだ理由について、今村は、「（同社は）以前からＩＳＯ／ＩＥＣ２７００１、ＩＳＯ１０００２の認証取得でお世話になっているため、安心して審査をお願いすることができました。また組織連携の仕組みづくりと審査が並行して進んだ部分もあり、悩んでいる部分に対し適切な指摘から新しい気付きに繋がることもあり、非常に意義のある審査でした」とコメントしている。

そして、ＩＳＯ４４００１の今後の活用については、「当社グループ内にある資源・

ノウハウを、事業領域を超えて有効活用を図れば、利益の外部流出を抑え、さらなる各事業の成長を図ることができると考えています。ＩＳＯ４４００１の枠組み・手順を利用して、さらなる組織連携と強化を実現させることをめざしたいと思います」と語っている。

なお、これらのコメントを見てもわかるように、今村は「日本企業として初めて」とか「国内認証第一号」ということについては、とりたてて価値を見いだしていないようである。単に、この「提携事業関係マネジメントシステム」が自社にとって必要だと考えたから認証を取得したにすぎず、それがたまたま日本企業として最初の事例になっただけ――というスタンスである。

とはいえ、コーニッシュの認証取得から約一カ月後の同年一一月一四日に催された認証授与式の壇上では、満面に笑みをたたえて認証を受領している今村聖三の姿を見ることができる。そして、前章末で述べた大手総合商社と業務提携、オフィスビル九棟の購入など約一〇〇億円規模の取引が成立した背景には、今村個人の信用もさることながら、このＩＳＯ４４００１の認証取得も一役買っていたはずである。

ＩＳＯ４５００１の認証取得

コーニッシュでは前述のＩＳＯ４４００１に続いて、二〇一九（令和元）年六月一日にＩＳＯ４５００１（労働安全衛生マネジメントシステム）の認証を取得した。

ＩＳＯ４５００１は、世界初の労働安全衛生の国際規格として、二〇一八年三月一二日に発行されたものであり、これを導入することで、安全かつ健康的な職場環境の構築、事故・労働災害及び病気の予防、継続的な労働安全衛生のパフォーマンスの向上などが可能となるという。

なお、本書の「はじめに」において、このＩＳＯ４５００１もまた、コーニッシュが日本企業として初めて取得したかのように紹介しているが、これは書き手の勘違いで、正確にはコーニッシュより一年以上も早く、株式会社テイルウィンドシステム及びそのグループ会社の株式会社ＴＷＳ総合研究所が二〇一八年五月二二日に取得している。同年一一月二〇日には、認証機関であるＢＳＩが米国適合性認定機関であるＡＮＡＢ（ANSI-ASQ National Accreditation Board）より認定を受けたことにより、ＡＮＡＢ認定マークが付いた正式なＩＳＯ４５００１：２０１８の認証書が授与されている。

さらに付け加えるとすれば、ＩＳＯ４５００１の発行よりもずっと早く、その原型となったOHSAS18001が一九九九年六月に成立しており、こちらは二〇一八年の時点で国内だけでも約一七五〇事業所が導入していたとされる。このOHSAS18001も労働安全衛生マネジメントシステムの国際認証であることに変わりはなく、単に「ISO化するには時期尚早」との判断からこれまでISO化が見送られていたにすぎない。

また、国内でも独自の取り組みとして、厚生労働省の「労働安全衛生マネジメントシステムに関する指針」をはじめ、中央労働災害防止協会・建設業労働災害防止協会などの業界団体が定めるガイドラインなど、様々な労働安全衛生マネジメントシステムがすでに存在しており、それらを導入していた企業も一定数あった。

にもかかわらず、今さらのように労働安全衛生マネジメントシステムを新しくISO化しようというのだから、それだけの理由はある。日本産業規格（JIS Q）が45001を採り入れたJIS Q45001：2018を発行したのは同年九月二八日のことである。こうした動きにより、「労働安全衛生マネジメントシステムの認証を得ようとする動きが加速する」ことが予想される、ということ。そしてもう一つ、「品質（9001）、環境（14001）、情報セキュリティ（27001）などのマネジメントシステム規格と共通の構成、共通テキストの採用により、複数の規格での運用がしやすくなる」ということである。

なお、ISO45001の発行以前、旧来のOHSAS18001については世界一二七カ国以上、九万件超の組織で導入されていたことから、ISO化によってその勢いがさらに加速することは必然といえた（ただし、現実には発行から二年後に全世界がコロナ禍に見舞われたこともあって、当時予測されていたほどの導入加速は起こっていない）。

いずれにせよ、ISO認証発行からわずか一年三カ月後の取得ということは、日本最速ではないにしても相当素早い。日本で何番目の取得であったかは意味もないし、いかにコーニッシュが「ISO慣れ」しているにしても、常日頃から労働安全衛生に高い関心を払っていなければ到底不可能だったはずだ。

今村聖三は言う。

「前年のISO44001は適用範囲を『コーニッシュグループ』全体としておりましたが、今回のISO45001は、以前のISO10002の適用範囲と同様に『大阪本社、神戸支店、温浴事業部』の三つとしました。関わる業務としては、

①不動産における土地建物の売買、賃貸、及び仲介サービスの提供
②新規戸建分譲住宅の企画・開発・設計・施工及び販売
③中古ビル、マンションのリノベーション及びコンバージョン（用途変更）の企画・開発・設計・施工、ならびに販売

社員の誕生日に必ず行われる花束の贈呈式

社員旅行での写真。右上から時計回りにカナダ、カナダ、イタリア（ヴェネツィア、トレヴィの泉）、ハワイ（ワイキキ）

④温浴事業の運営

の四つにおける労働安全衛生マネジメントシステムということになります。また、認証取得に伴い、社内でも労働安全衛生を徹底するべく『労働安全衛生方針』を策定しました」

コーニッシュの掲げる労働安全衛生方針は、次の五項目である。


一．当社の経営理念を、全員参加のもと実施し達成することを通して、安全で健康的な労働条件を提供する。

二．危険源を除去し労働安全衛生リスクを低減する。

三．法律の順守と業界や行政等からの労働安全衛生に関する要求事項を満たすことに努める。

四．労働安全衛生マネジメントシステムの有効性を確保するために、継続的な改善に取り組む。

五．働く人及び働く人の代表の協議及び参加をめざす。


これらの方針に基づき、コーニッシュではＩＳＯ４５００１の運用を開始したのである。

走り続けてきた三〇年間をふり返る

来《きた》る二〇二二（令和四）年五月に、コーニッシュは創業三〇周年を迎えることになる。

考えてみれば、今村聖三はこの三〇年間、ただひたすら走り続けてきた。

もともと、創業した時期が時期である。

不動産業にはごく稀に、「ビジネスチャンスが多い」という時期が訪れることがある。今村が、叔父の経営する和興建設に在籍していた最後の頃、バブル最盛期がまさにそれだ。

だが、今村がコーニッシュを創業したのは、バブル崩壊後の不況がいよいよ深刻化し始めた時期であり、そこから日本は「失われた一〇年」とも「失われた二〇年」とも呼ばれる、長い長い景気低迷期に突入することになる。

創業三年目には、阪神・淡路大震災が発生した。

創業一六年目には、春から夏にかけて不動産業者の倒産ラッシュが起こり、秋には本番ともいうべきリーマンショックが勃発した。

創業一九年目には、東日本大震災が発生した。

創業二六年目には、台風二一号が西日本一帯に深刻な被害をもたらした。

創業二八年目には、新型コロナウイルス感染拡大が世界を席巻した――。

どれ一つをとっても、企業経営にとって致命的な打撃にもなりかねない災厄であり、事実、数多《あまた》の企業がこれらの災厄の直接・間接の影響により倒産に追い込まれてきた。コーニッシュにしても、まかり間違えば倒産企業のリストに名を連ねていたかもしれないのだ。結果的にそうならなかったのは、ある意味、僥倖《ぎょうこう》にすぎないと言う者もいるだろう。

しかし——今村聖三は、そういうふうには考えない。

「社内でも常々言っておりますが、私がバブルの頃に得た『お金を追いかけてもお金は助けてくれない、人を追いかけると最後は人が助けてくれる』という考え方、これは私自身もそうしておりますし、コーニッシュという会社の行動規範としております。それが最終的に会社を救うことになり、ひいては社員一人ひとりの幸福にも繋がっていくわけです。

今日まで会社が無事に存続してこられたのは、お金、目先の損得ではなく、お客様や取引先の協力会社の皆様にどうすれば喜んでいただけるか、また、社員一人一人が目標を持って行動してくれているか、ということを追求し続けた結果ですから、偶然ではなく必然、僥倖ではなく当然の帰結だということです」

情に厚い稀代の人誑《たら》し

今村は、自分が正しいと思ったことはあくまで貫き通そうとするから、時には他人と対立することもある。

例えば、現在の神戸支店事務所が入居する神戸のコーニッシュビル取得の際にも、神戸支店長木下雅晴ら現場の人間の意見を求めずに、独断で購入を決めた。結果オーライとはいえ、一つ間違えば単に金銭的損失が生じるだけでなく、部下からの信頼をも失いかねなかったところだ。

にもかかわらず――木下はこのとき、何を考えていたか？　建物の耐震性能調査にあたって、木下は「怖かった」と漏らしている。調査の結果、問題がないことがわかって「ホッとした」とも。しかし、木下が怖がる必要はなかったはずなのだ。購入を決めたのは社長の今村であり、仮にその判断が誤りだったとしても、木下には何の責任もない。会社は大損するだろうが、それは木下たち神戸支店の業績には関係ないはずであったし、何なら神戸支店は損失補填を本社に請求してもいいくらいの立場であった。

当事者には違いないが、ある意味で気楽な立場であったはずの木下が、調査結果を必要以上に気に病んでいたのは、本人の生真面目な性格によるところもあるだろうが、彼自身が社長の判断を全面的に受け入れていたからに他ならない。それが、木下の今村に対する信頼感である。木下は言う。

「私たちがコーニッシュに入社したときからしてそうでしたが、社長は情に厚く、良い意味で〝人たらし〟の才能があると思います。

ただ、それだけでなく――社長には勝負勘といいますか、ビジネスにおける天性のセンスのようなものがあるんじゃないかと思います。ですから、私たちが危ぶんで手を出しあぐねているときに、即断即決で成功させてしまうこともよくあります。現に、それで利益を生んでいるわけですから、そこは信頼しています」

良い意味での〝人たらし〟と木下は今村を評する。人たらしとは漢字で「たぶらかす。あざむく。惑わす」という意味の「誑す」という文字を用いて「人誑し」と書く。語源的には「他人を言葉巧みに丸めこみ、騙したり利用したりする人」という悪い意味もあるが、それよりも慣用的に「人の心をつかむのが上手な人」と良い意味で用いられることのほうが多い。

歴史上の人物でいえば、豊臣秀吉などは「稀代の人たらし」として有名である。

秀吉の場合、直属の部下たちや天下人となってからの諸大名の人心掌握も巧みであったが、それよりも出世していく過程で、主君である織田信長をはじめとする上司・先輩の心をつかむのが実に巧かったといわれている。今村の場合も、木下たち部下の心をガッチリつかんでいるだけでなく、顧客や取引先はもちろん、利害関係の直接ない異業種交流会や勉強会などで知り合った多くの企業経営者たちの心をつかむのも巧い。

第三章で述べた荻坂社長と、当時オギサカの管財人だった弁護士もそうだ。

第四章に登場した、メガバンクのM銀行の関西支社長もそうだろう。

第五章で紹介した、大阪農林会館の会長だった菅原氏もそうに違いない。

他にも、名前を挙げていったら枚挙に遑《いとま》がないが――大阪トヨペット株式会社の代表取締役社長横山昭一郎氏もその一人だろう。

現在、コーニッシュと大阪トヨペットは業務提携を結んでいるが、あるとき、トヨタグループ内で全国のグループ企業の業務提携先について調査したことがあったという。誰もが名前を知っているような錚々《そうそう》たる大手企業がずらりと並ぶ中で、大阪トヨペットの業務提携先として「コーニッシュ」という聞いたこともない小さな会社の社名を見つけ、トヨタグループの管財課はわざわざ調査担当者を派遣して調べさせた。

その結果、大阪トヨペットが年間に手掛ける不動産取引のうち大半をコーニッシュが受注していること、その最初のきっかけは横山社長と今村との人間関係に端を発し、そこから一つひとつ実績を積み重ね、信頼関係を築き上げていったのだということが明らかになった。大阪トヨペットとの業務提携は、コーニッシュの発展に思わぬ恩恵をもたらすこととなる。コーニッシュのホームページに大阪トヨペットとの業務提携をリリースしたところ、金融機関等の取引先から大きな反響があり、今村はこれによりコーニッシュへの社会的な評価が向上したと感じたという。こうした提携によって、コーニッシュはさらなる発展への地歩を固めていった。

「もちろん、大阪トヨペットさんとうちでは、会社の規模は全然違います。でも、どれほど大きな会社でも、逆にどんなに小さな会社でも、人と人との一対一の関係があれば大丈夫なんです。あとは礼儀や秩序をきっちり守ってさえいれば、取引はできます」

人と人との一対一の関係。それは、対等の目線で、まっすぐに相手を見ることから始まるという。相手が大企業の社長だと思うと、つい、下から見上げるようなかたちになってしまう人間は多い。気持ちの上でも呑《の》まれてしまい、一歩引いてしまう。自分に自信のもてない人間ほど、そうなりがちだ。

今村は違う。相手がどんな有名人のお偉方であろうと、その肩書や所属する組織の大きさに恐れ入ったり、へりくだったりはしない。意見を求められれば遠慮なく思ったこ

今村の還暦祝いの集い。呼び掛け人は、大阪トヨペットの横山社長。当日は横山社長が誂えてくれた赤いジャケットを着て出席した。

とを口にするし、相手がおかしいと思えば堂々と指摘する。

「私の場合、不動産に関しては誰にも負けないという気持ちをもっていますから、それが自信の拠り所になっています。

もちろん、相手のほうは、私のもっていないものをたくさんもっているでしょうが、私のほうでも、不動産に関する見識やノウハウ、経験値など、相手のもっていないものをたくさんもっているつもりです。

だから、人と人としてはどちらが上でも下でもない、対等の関係だと思っていますし、人間と人間としてのお付き合いをさせていただければと思っております。もし、おかしな相手だったら、たとえお金をいくら積まれても、不動産の紹介もしたくありませんし、取引もしたくなければ、物件を売りたくもありません」

「夢は逃げない」ということの意味

ここまで述べてきたように、今村聖三は人生において様々な夢を掲げ、その多くを実現してきた。

「ベンツに乗りたい」という夢、「会社の経営者になりたい」という夢、「一等地にオフィスを構えたい」という夢、「自社ビルを持ちたい」という夢、「歴史的建造物を買いたい」という夢……。それらの夢は、実現してしまえばそこが最終のゴールなどではなく、ほんの途中経過に過ぎなかったことがわかる。だからこそ、今村は夢を一つ叶えると同時に、新たな夢をいくつも掲げてきた。

企業人としての夢だけでなく、今村聖三一個人として掲げた夢も数多い。

その一つに、「F1に乗りたい」という夢があった。最近、小学校六年生の時の日記が出てきたのだという。その中には、F1マシンの絵とF1に乗りたいという夢が書いてあったそうだ。

経営者ともなれば、お抱えドライバーに運転を預け、自分は後部座席でふんぞり返っている（言い方は悪いが）ことで満足している者も少なくないだろう。それは人それぞれだし、別に悪いことではない。ただ、今村は違っていた。自ら運転席に収まり、ステアリングを握り、マシンの性能を限界まで引き出すことに喜びを感じるタイプの人間だった。根っからのクルマ好きなのだ。

そんな今村が、究極のスピードマシンであるF1ドライバーに憧れるのは、ある意味で当然のことかもしれない。

とはいえ、F1レースに出場するようなドライバーは、超一流のアスリートであり、一種の超人と言える。いくら今村でも、そこまで大それた夢を抱いていたわけではある

歴代の今村の愛車

まい。かつてプロをめざしたこともあるサーフィンでさえ、ライセンスを取得する手前でその夢を諦めたのだから……。

持って生まれた資質や育ってきた環境もある。あるいは年齢的・肉体的な限界もある。今村は結局、プロサーファーにはなれなかったし、プロのＦ１ドライバーにもなれなかった。

だが、「夢を叶える」ということは、必ずしもそれだけではない。今村は常に口にする。

「夢は、逃げない。夢から逃げているのは、自分だ」と。

逆に言えば、自分さえ逃げなければ、いつか夢に手が届く日が来る――ということだ。夢を叶える方法は一つだけではない。たとえ才能は足りなくても、年齢を重ねた分だけ、様々な努力を積み重ねていくことができる。経済力もそうだし、人脈もそうだ。

現に、「宇宙へ行きたい」という途方もない夢を掲げて、自らロケット開発に乗り出した経営者もいれば、民間宇宙飛行のチケットを予約した経営者もいる。彼らもまた、例えば「ＮＡＳＡに入って宇宙飛行士の訓練を受ける」といった当たり前の方法を取れない代わりに、それぞれ自分自身にできる方法で夢を叶えようとしているわけだ。

今村の夢に対する向き合い方も、それらと根は共通しているのかもしれない。

フリー走行のホームコースとして鈴鹿サーキット

二〇二〇（令和二）年八月三〇日──。

三重県鈴鹿市の「鈴鹿サーキット」に今村聖三の姿があった。

鈴鹿サーキットは、日本におけるモータースポーツの最高峰である「F1日本グランプリ」をはじめ、二輪・四輪の様々な国際レースが開催されている競技場である。もちろん、一年中レースが行われているわけではなく、レースのない時には一般ファンにも開放され、一定の条件を満たせばマイカーやレンタカーをもち込んでコースを走行することも可能だ。また、カート専用のコースもあり、一般ファンだけでなく、曜日や時間帯によってはカートレースが行われることもある。

ただし、今村がわざわざここまで来た目的は、言うまでもなくカートやマイカーでのコースの走行体験をするためなどではない。

「本物のフォーミュラマシン」を運転するためだった。

今村が乗っているのは、F1ではないが、フランスのレーシングカーメーカー、ルノー社製のフォーミュラカーである。

カーボンファイバー製のシャシー（車体）に、FIA（国際自動車連盟）の規定するF3規格の安全基準に適合した横転などに備えたロールケージを有し、横からの衝撃を緩和するためにコクピット横にヘッドレストを設け、特に事故時におけるドライバーの頭部へのダメージを最小限に抑えるデザインがなされたコクピット、一六バルブ、直列四気筒のルノー・スポールF3R FRS型エンジンを搭載する。

このエンジンは、排気量一・八L、最大馬力約三〇〇馬力、最大トルク約四三Kgf・m。わずか車重六〇〇kgのボディを、軽々とカタログスペック上は時速三〇〇kmの世界へ引っ張る。その空力性能は3G以上の強烈なダウンフォースを産むよう設計され、強烈なエンジンと相まって、抜群のコーナリングモンスターとして、サーキットを疾走する。

このマシンは、フォーミュラ・ルノー（Formula Renault）というルノー車限定で開催される国際レースに出場する「本物のフォーミュラマシン」である。

フォーミュラ・ルノーとは、ヨーロッパやその他の国で開催されている初級フォーミュラカーレースである。一九六八年にフランスにおいて開催された国内選手権（フォーミュラ・フランス）を起源とし、一九七一年に初開催された。以来、新人レーサーの登竜門としての役割を果たしている。ルノー・スポールもしくは各国のルノーが主催ないし冠スポンサーとなって開催され、多くのシリーズは年間一四戦ないし一六戦前後で争われる。

日本人ドライバーでは、古くは片山右京選手が一九八六年のフランス選手権に参戦したのをはじめ、二〇〇五年のユーロカップとイタリア選手権の両方でシリーズチャンピ

SUZUKA CIRC
elf
5
elf

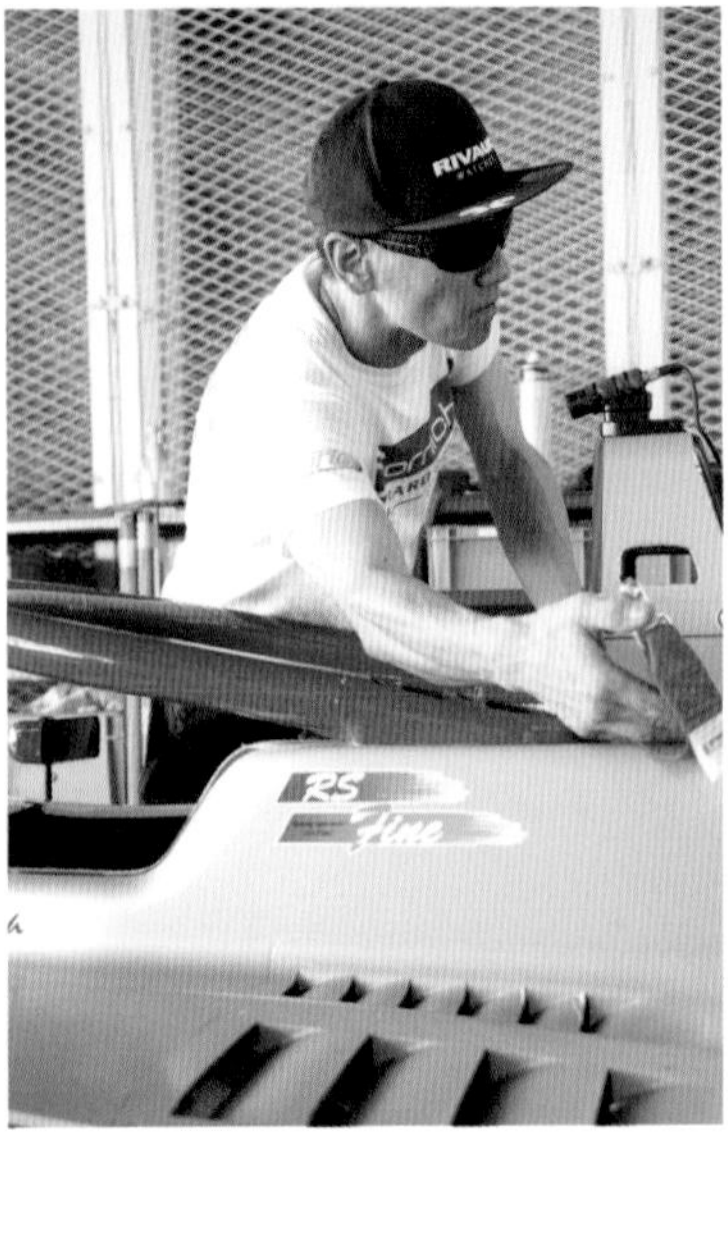
RS

RICHARD MILLE
elf
5

〈右頁〉写真上・今村の走行を応援してくれている「Racing F」のスタッフ。写真左下・Racing F代表の舘善泰氏。
〈左頁〉写真右下・「私にはお返しできるものがない」とコーニッシュからのサポートの申し入れを3年間断ったというレーシングドライバーの脇阪薫一氏。写真左下・今村の情熱を称賛するレーシングドライバー、吉本大樹氏。

オンを獲得した小林可夢偉選手などが知られている。

「――じゃ、行ってきますわ」

　ことさら軽い口調でそう言った今村は、そのままコクピットに収まった。耐火スーツに身を包み、フルフェイスのヘルメットを被ったその肉体は、六三歳という年齢を感じさせない若々しいものだ。日頃から暇さえあればジムへ通い、ベンチプレスで一〇〇kgのバーベルを持ち上げる筋力を維持し、左右の視力は右一・五、左一・一を保っている。そんな今村の体力をもってしても、これからの数十分間は過酷の一語に尽きるものに違いない。

　先ほどの軽い口調とは裏腹に、今村の表情には緊張感がみなぎっていた。だが、その緊張感さえも、今村にとっては喜ばしいものであるはずであった。

　エンジンをスタートさせる。たちまち、車体は耳を聾《ろう》する轟音と振動に包まれた――。

　滑るように車体が疾走する。瞬《まばた》きする間もなく、最初のカーブが眼前に迫る。危なげないコーナリング。車体はまだ安定している。エキゾーストノートが耳をつんざく。

　直線コースに入った。ターボチャージャーが唸りを上げ、車体はさらに加速していく。スピードはとうに時速一五〇kmを超えていた。車体はさらに加速し、スピードは

吉本大樹
（よしもと ひろき／だいき）
一九八〇年九月二日生まれ。大阪府大阪市出身、オーストラリア育ち。身長一七六cm。F1の登竜門クラスであるGP2シリーズに参戦し日本人初の表彰台に立った実績を持ち、現在はSUPER GTや海外レース等で活躍するレーシングドライバー。ロックバンドdoaのボーカリストとしても活躍。名前の読みは、レーシングドライバーとしては「ひろき」の呼称を、ミュージシャンとしては「だいき」の呼称を使用している。

あっという間に時速二二〇㎞を越えていく。プロのF1レーサーであればまだまだ序の口だろうが、一般ドライバーでは一生の間にそうそう体験することのない、未知の領域だ。

ヘルメットの額に装着されたアクションカメラを通じて、今村が体験している極限の世界が、パソコンのモニター越しに伝わってくる。無論、何百分の一、何千分の一に薄められたものだろうが――食い入るようにモニターを見つめている関係者たちの視線は、コクピットの今村本人と同じくらい厳しい緊張感に溢れていた。

レースドライバーではない今村が、レースと同じマシンに乗って本番のコースを走らせることができるのは、鈴鹿サーキットが提供している「鈴鹿モータースポーツクラブ」の会員であることが必須条件である。無論、普通免許を持っているだけの一般ドライバーが誰でも参加できるものではない。ここで走行するためには、講習を受けライセンスを取得しなければならない。

今村に本格的なサーキットでのトレーニングを勧めてくれたのは、前出の大阪トヨペット株式会社代表取締役社長の横山昭一郎氏であった。今村と横山社長はかれこれ二〇年来の付き合いになるが、ある時、ひょんなことから今村が「いつか鈴鹿で本物のF1マシンを走らせてみたい」という夢を口にしたのを聞いて、「それなら、まずは実際

脇阪薫一
（わきさか しげかず）
一九七五年四月一日生まれ。奈良県出身。同じレーシングドライバーの脇阪寿一の実弟である。身長一八〇㎝。一九九六年戸田レーシングより全日本F3選手権にデビュー。二〇〇二年のインターナショナルポッカ1000㎞では兄弟で総合優勝を飾る。暫くレース活動からは遠ざかっていたが、二〇一五年にLM corsaから七年振りにSUPER GTに復帰し、同時にスーパー耐久やインタープロトシリーズと併催のIS-F CCS-Rレースにも参戦を始めた。

にレーシングマシンで鈴鹿を走ってトレーニングを積んでみては」と言って背中を押してくれたのである。

横山社長は、自身がオーナーを務める大阪トヨペットを母体としたレース部隊『ＯＴＧモータースポーツ』の専属ドライバーであり、スーパーＧＴの優勝経験もある吉本大樹氏、そして同じくスーパーＧＴやGT World Challenge Aisaなどでも活躍している脇阪薫一氏を紹介してくれた。今村は贅沢すぎるような二人のサポートを得て、フォーミュラマシンの操縦に挑戦している。

「初めてフォーミュラカーに乗ったのが五年前、五八歳の時です。それが先代のマシンで、今のマシンに乗り替えてから一年くらいになります。サーキットでのトレーニングを重ねるにつれ知り合い、仲間が増えていきますが、見渡すと同じ六十代で〝フォーミュラ・ルノー〟クラスの体力的に厳しいマシンを用いてトレーニングされている方は少ないようです。私は自分なりに鍛えているつもりですが、年齢のこともあるのでできればあと二年くらい……いや鈴鹿でＦ１マシンを走らすという夢を叶えるまでまだまだいきますよ」

半世紀近くの歳月をかけて、小学校六年生の頃からの夢を果たした今村は、そんなふうに年齢的限界を口にしつつも、まだまだ意気軒昂のようである。

大阪トヨペット株式会社 横山昭一郎社長（写真・左）と

船の上では仕事の話はしない

今村聖三が追い続けているもう一つの夢が、ゲームフィッシングだ。

「ゲーム」といってもバーチャルな釣りのことではなく、糸の太さなど、釣り道具の規格を定め、指定された魚の釣れた重量で記録を競う競技のことである。指定される魚は大小様々だが、今村が熱心に参加しているのは、モータークルーザーを駆って大海原に乗り出すカジキ釣り大会である。

ジャパンゲームフィッシュ協会（Japan Game Fish Association／ＪＧＦＡ）というＮＰＯ法人がある。ＪＧＦＡは、年齢・性別・国籍を超えて、この志をもつあらゆるジャンルの釣り人が、釣り人のために運営する非営利団体である。

これとは別に、世界共通の釣りルールを提唱し、その普及及び記録管理を行う国際的な釣りの団体としてインターナショナル・ゲームフィッシュ協会（International Game Fish Association／ＩＧＦＡ）という組織もある。ＪＧＦＡとＩＧＦＡとは互いに独立した別団体ではあるが緊密な協力関係にあり、ＪＧＦＡはＩＧＦＡの窓口としての機能も果たしているという。

ＪＧＦＡでは、ＩＧＦＡの協力の下に、日本国内で開催されるカジキ釣りの国際大会

を運営している。カジキは英語でビルフィッシュ（billfish）といい、カジキ釣りの大会をビルフィッシュトーナメント（ＢＴ）という。

世界各地で開催されているＢＴは、それぞれ開催地の名をとって、例えば東京湾であれば東京ビルフィッシュトーナメント（ＴＢＴ）、ハワイであればハワイ国際カジキ釣り大会（ＨＩＢＴ）など略称されている。

今村はＪＧＦＡが主催する国際カジキ釣り大会に毎年のように参加しており、二年前に第三位、一年前には第二位という成績を収めている。

「ここまできたのですから、できれば一度くらいは第一位を取りたい。大会に優勝したら、そこでカジキは卒業して、次はマグロへいく……か、どうかはわかりませんけどね」

今村はそう言って笑った。現在、今村の所有するクルーザーは全長六三ft（約一九・二〇ｍ）級の中型船であり、これが三代目の船に当たる。最初に購入したのは全長三七ft（約一一・二七ｍ）級の小型船で、二〇〇五（平成一七）年に大阪トヨペットが売りに出した中古船であったという。

当時、名古屋のトヨタ自動車本社でマリン事業部に務めていたが、後にコーニッシュに移った佐藤隆久氏からこのクルーザーの情報を仕入れた今村は、「売ってくれるなら、ぜひ買いたい」と思ってこの船を購入することにした。佐藤の話によれば、この船はカ

写真右・二〇〇六年二月コーニッシュⅠ世進水式
写真左・二〇〇七年六月コーニッシュⅡ世進水式

ジキ釣りの大会に出たことがあるという。興味を持った今村は、「自分もひとつ、その大会に出場してみよう」と考えた。そこで、クルーザーを購入するとともに、クルーを集め、さっそく練習を開始した。

初めて参加した大会での成績はお粗末なものであったが、今村たちのチームはその後も練習を重ね、毎年のように大会に参加し続けることになった。

最初の船は一年ほどで手放し、次に四五ft（約一三・七一m）級のクルーザーを購入する。この二代目の船にはその後一〇年余り乗り続けたが、二年前に現在の六三ft級を購入して乗り換えたのだという。

今村を船長（キャプテン）とする一五人前後のクルーの内訳は、社内からはコーニッシュ神戸支店長の木下雅晴をはじめ数人の釣り好きが名乗りを上げ、残りは社外の知り合いに声を掛けて希望者を募ったという。社外からは、今村の旧知の保険会社の人間など、様々なメンバーが参加した。

会社の部下だけでなく、取引先や顧客など、陸の上ではそれぞれの立場や関係性のある寄せ集めのクルーであったが、ひとたび海の上に出れば、キャプテンの命令は絶対である。キャプテンが「右」と言ったら、クルーは黙ってそれに従うしかない。それだけに、キャプテンの双肩にはクルーの生命がかかっており、その責任は重大だ。さらに、

二〇一九年四月コーニッシュⅢ世進水式

クルーの心を一つにまとめる求心力が必要になる。

その一方で、クルーにも個々の果たすべき役割があり、一つのチームとしての団結力が求められる。そのために必要なのは、一にも二にもコミュニケーション力であり、対人関係能力だ。

そういう意味で、カジキ釣りは——しょせん趣味であり、言ってしまえば金持ちの道楽であるかもしれないが——ビジネスに通じるものがある、と今村は言う。お金のかかる趣味を続けるためにはそれだけ稼がなければならないわけだし、それが仕事に向き合うための原動力にもなっている。

さらに、クルーの中には取引先の人間もいるから、時にはビジネスに直接結びつく話になることもある。

「私は基本的に、『船に乗っている間は、仕事の話はしない』と決めていて、周囲の者にもそう言っているんですが、やはり、何かのはずみでそういう話が出てしまうこともありますね」

例えば、コーニッシュが大阪トヨペットの仕事を受けるようになったきっかけも、最初は海の上での話であったという。

横山社長とアメリカに視察に行った時、たまたま枚方市にある大阪トヨペット枚方支店に隣接する土地の売買の話が出て、今村がこれを受けたのである。

横山社長とはそれ以前から付き合いがあったが、今村はそれまで、「うちは小さい会社ですから、大阪トヨペットさんのような大きなお仕事はとても受けられません。あくまで仕事を離れた友人としてお付き合いさせてください」と言って、自分からは決して売り込みめいたことはしなかった。それが、カジキ釣りという共通の趣味を通じてお互いに人間関係を築いていくうちに、期せずして大きなビジネスに結びつくことになったのである。

枚方市の土地はもともと建売用に分譲されていたのだが、事情が変わって建売住宅ができなくなったという。そこで、今村が二人の地主と話をつけ、一つの土地にまとめて大阪トヨペットが購入できるようにしたのである。

大阪トヨペットでは、旧支店敷地とこの土地を合わせた敷地に新しい枚方支店を建て替えることにしたのだ。

名古屋のトヨタ自動車本社から来賓を招いて行われた新支店の竣工式には、今村も招待されたという。横山社長と今村はそれ以来、プライベートだけでなく仕事を通じても深い信頼関係で結ばれることになったのである。

フォーミュラカーにせよモータークルーザーにせよ、多くの人びとは「一生かけても手に入らない物」だと思っているのではないだろうか。

だから、たとえ幼少時にそんな夢をもったとしても、すぐに諦めてしまう。あるいは、初めからそんな夢は見ない。見なかったことにしてしまう。

大金持ちの家に生まれでもしない限り、そんなものとは縁のない一生を送ることになり、そのことにさして疑問も抱かないのではないだろうか。

――ここで、思い出してほしい。

今村聖三は小学校六年生の時に、日記に「F1に乗りたい」と書いたという。だが、その頃、彼はどんな生活をしていただろうか。

第一章に記した通り、今村が小学校五年生の時、父親は事業に失敗して多額の借金を抱えることになった。雨戸を閉め切った家の中で家族が寄り添っていると、押しかけた借金取りが外から雨戸を叩く――そんな悲惨な生活の挙げ句、両親と離れて弟と二人、祖父母の家に預けられたのだ。

飢えることはなくても、育ち盛りの子どもにとっては食べたい物も食べられず、小遣い銭にも不自由し、着替えもないから一週間毎日同じTシャツ一枚で過ごす……。

ヒットしてからランディングまでの数少ない貴重な記録

今村がF1を夢見たのは、そんな時期のことだったのである。

同じような、あるいはそれより少しはましな幼少期を過ごした者の中で、果たして何人がその夢を追い続けることができるだろうか。小学生のうちはまだしも、中学生、高校生と成長していく間に、ほとんどの人間がそんな夢のことなどは忘れてしまうか、覚えてはいてもとっくに諦めてしまっているのではないか。


しかし、今村は夢を諦めなかった。彼の言葉を借りれば、「夢から逃げなかった」。

夢というのは、ときとして残酷なものである。憧れる気持ちが強ければ強いほど、手に入れられなかったときの絶望も大きい。

夢は、それを夢見る人間にとって、あるときは希望の光にもなるだろう。だが、自分が闇の中にいれば、その光はまぶしすぎる。だから、目をつぶってしまう。光から逃げてしまう。

今村は逃げなかった。その光を手に入れるために何をすればいいかを考え、努力し、一歩一歩近づいていったのだ。彼が光を、言い換えれば夢を摑むことができたのは、その結果に他ならない。否——結果ではない。今村聖三にとってはまだ「夢の途中」である。

フォーミュラ・ルノーでいえば、あと二年はサーキットで走っていたい、という夢が残っている。

ＢＴでいえば、国際大会で優勝したい、という夢が残っている。

それらの夢を実現したら、そのときは――今村はまた、新たな夢をめざしていくことになるのだろう。

「心を磨く」ということの意味

今村聖三が、いつも社員に言っていることがあるという。

心を磨け。

人間力を磨け――と。

その意味について、今村はこのように言葉を続ける。

「『心を磨け』といっても、そう思い立ってすぐ、今日とか明日に磨けるというものではありません。それこそ、一生の宿題だと思います。一生かけて磨き続けても、最後の最後に磨けているかどうかはわからない……そういうものだと思わなければならないでしょう。

心を磨くということは、人間力を磨くということと同じです。いわゆる『お人好《ひとよ》し』ではダメなんですが、常に相手のことを思いながら話をして、相手のことを思いながら話を聞いて、相手のことを思いながら行動して、相手のことを思いながら仕事をしろ、と——。

このとき、自分の利益のことを先に考えていたら絶対にダメなんです。自分の利益を考えながら仕事をしても、絶対うまくいきません」

では、「人間力を磨く」というのは具体的にどういうことを指すのだろうか。今村は言う。

「いろいろなタイプがあると思いますが、一つには、『相手に対して嘘をつかない』ということがあります。これは口で言うほど簡単なことではありません。相手のことを尊重し、礼儀を守り、感謝の念を忘れずに、真摯に向き合って話すということが大切です。そういうところからスタートするのもいいかもしれません。

もう一つ、『手を合わせる』という行為も重要だと思います。誰に対して手を合わせるのかといえば、それはやはり、自分のご先祖様に対してです。特定の宗教とか、神様や仏様を拝むというと途端にうさん臭くなりますが、自分の親を大事にしろというのはごく当たり前のことでしょう。だったら、親の親も、そのまた親も、大事にして当たり前です。自分の先祖に対して供養するというのは、つまりそういうことなんです。『俺はそんなの関係ないよ』と言う人もいますけど、やはり、ちゃんと考えて、手を合わせて感謝の気持ちを伝えるようにしないと――」

ところが、自分の先祖に対しては「手を合わせる」という行為をしたがらない人間が、自分から進んで手を合わせるときがある。正月の初詣や、何かの願掛けのために神社仏閣を訪れたときだ。「困ったときの神頼み」や、祈願成就の縁起担ぎのためなら、彼らは喜んで手を合わせる。

「それが、『自分の利益が先になっている』という心理状態なんです。自分の願いごとがあるから、手も合わせるし頭も下げる。場合によってはお布施も弾《はず》むでしょう。そういう気持ちはわからなくもないですし、悪いことだとも思いません。ただ、それだけというのは、やはりダメですね。願掛けをするにしても、まず、感謝の気持ちが先にこないと。

人間相手でも同じことでしょう? 困ったときだけ『お願いします、お願いします』と頭を下げて頼まれても、頼みを聞く気にはなれませんよね。そうじゃなくて、日頃から『いつもありがとうございます』『いえいえ、どういたしまして』という関係性を築いている相手のほうが、いざというときに助けてあげたくなるものです」

「会社対会社」も「人間対人間」も同じことだと言い切る今村らしく、「先祖」や「神社仏閣」との接し方も、人間との接し方と基本的には変わらないようだ。

ただし、今村聖三のほうではそうであっても、コーニッシュに、あるいは今村に会いに来る相手のほうは、必ずしもそういう考え方を理解している人間ばかりとは限らない。むしろ、今村の善意に付け込むように、自分の利益だけを考えて接近してくる人間が少なくないはずだ。そうした輩《やから》を見抜き、遠ざけるにはどうすればよいか。今村はあっさり言ってのけた。

「自分がしっかり心を磨いていれば、相手の考えていることはだいたいわかります。ですから、信用できるかどうかも判断できますよ。自分の心をしっかり磨いていれば、他人の意図に惑わされることはない、自分さえしっかりしていれば、そのうちに打算的な意図で近づく人は、寄ってこなくなる」と今村は言い切る。

今村によれば、心を磨くにも、人によっていろいろなやり方があるため、他人が「ああすればいい、こうすればいい」と教えることは難しい。自分で自分に適したやり方を見つけるしかないのだという。したがって、次に述べるのは、あくまで今村自身の経験に基づいた一つのやり方にすぎない――そう、前置きして、今村は語り始めた。

「まず、人に対して、悲しませたり、損をさせたり、そういう相手が嫌がるようなことをしないことです。ただし、先ほども申し上げたように、『お人好し』ではダメ。ある程度、自分が『これが正解だ』と思うことは、相手にちゃんと伝えるとか、指導してあげるということが大事です。

ボランティアというのは、先ほどの神社仏閣に対しても同じです。私自身も、ハワイの出雲大社で長年奉仕活動を続けていますが、先日、出雲大社ではハワイの苦学生のために募金活動をしていたので、私もいくらか用立てさせていただきました。その学生たちが勉強して、日本に来たり、本国のために貢献したりということになれば、私も嬉しいですから。そういうことを積み重ねていくうちに、だんだんと自分の心が磨かれていくんじゃないかと思っています」

神社仏閣に祈るとき、願いごとをするよりも先に「ありがとうございます」との感謝の気持ちを捧げよ、というのもそれと同じだ。

「そこのお寺なり、神社なりに、自分で行くことができるだけでも幸せなんですよ。重い病気であるとか、怪我をしている人は、行きたくても来られないわけですから。ここまで来られただけでも幸せだと思えば、自然と『ありがとうございました』という感謝の気持ちが湧いてくるのだろうと思います」

今村がそのことに気付いたのは数年前、伊勢神宮の内宮を参拝したときのことだという。

「『来ていただいてありがとうございました』と言われたんです。それを聞いて、『こちらこそ、一年間怪我も病気もせず、こうしてここに来させていただいて感謝しております』と思って、それを言葉にして言ってみました。口に出すと、そういう気持ちになるんですよね。それで、そういうことを人に対してもしていったら、だんだんと自分の心が磨かれていくということがわかってきたんです。もちろん、それは基本的なところであって、本当はもっと奥深いものもありますけど……。

いろいろな人を見ることで、『また、会いたいな』という人になれると思うんです。『また、会いたいな』という人になるのは難しいですからね。大抵は、いっぺん会えば『もういいです』となってしまいますから。そうではなくて、『今村さん、また会いましょうよ』と、こういう言葉が相手の口から聞けるようになってきたら、それだけ心が磨かれてきたのだと判断できますね」

今村は日頃、どこかへ出かけるときに近くに神社仏閣があれば、可能な限り足を延ばして手を合わせに行く。そういうとき、今村に同行する社員たちも一緒に参拝することになるのだが、彼らは今村から釘《くぎ》を刺されることになる。

「神頼みということはあまりするもんじゃない。基本的に、神社へ来るのは日頃の感謝を捧げるためだ」

たびたびそう言い聞かされ、今では神社に来たときは感謝の言葉しか言わないように

ハワイ出雲大社の大祭出席

なったという社員が何人もいるという。今村はさらに、こうも言っている。

「これは、仕事でも同じことです。例えば、売上が少ないな、全然足りないなと思うのではなく、そういう中で、このお客様はこれだけ発注していただいた、ありがたいなと感謝することが大事です。そういう考え方をして、口に出して言っていれば、その気持ちが相手にも伝わります。そうすれば、相手も『これだけしか発注しなくて悪いな。もっと発注するようにしないと』となります。

会社の中でもそうです。朝、通勤してこられるだけでも感謝せなあかん、と。基本はそこだと思うんです。

そこで人間力というものが出てくると思うんですよ。

ですから、年上の相手にそういうふうに接していれば、『この仕事は、君に任せよう』とか、『君がやってくれ』とか、重要な仕事を任されることも多くなります。お金だけ、利益だけ追っかけていたら、そうはなりません。いつまでも重要な仕事は任されず、給料も上がりません。こういうことが全部、『心を磨く』ということに繋がってくるんです」

今村聖三のその言葉は、長年の経験に裏づけられた信念を感じさせるものだった。

――コーニッシュが設立三〇周年を迎える二〇二二（令和四）年には、今村は六五歳

ハワイ出雲大社参拝

となる。

近年は平均寿命の延びとともに、少子化の影響もあって、シニア層の積極的活用は国策として推進されている。一昔前には六〇歳を定年としている企業も多かったが、二〇一三（平成二五）年に六五歳定年制が企業の努力義務となり、さらに今後、二〇二一（令和三）年四月より、七〇歳までの就業機会確保が企業の努力義務となる。

逆に言えば、今の人間は、昔よりも一〇歳若くなっていると考えることができるだろう。今村は言う。

「そう考えたら、私が今、六三歳ということは、昔でいえば五三歳というのと同じことになります。昔の五三歳にできることは、今の六三歳でもできる、というのと同じことなんです。そのくらいの気持ちを持っていたほうが、前向きに生きられると思います。

これは、若い人たちも同じことです。『もう、四〇歳だから……』なんて言う人もいますが、私だったら『お前、それは昔なら三〇歳ってことやぞ。三〇歳でできんことあるかい』と言いますね。こちらがそう言ってやれば、『わかりました、やりますわ』という話になるんです」

今村自身のことを言えば、実年齢より一五歳以上若いくらいのつもりでいるという。ベンチプレスで一〇〇kgのバーベルを上げられる今村は、体力的にも筋力的にも、確かにそのくらいの肉体は維持できているのかもしれない。だが、それは今村の肉体が特別なのではなく、「誰でも、やればできる。できないのは、やらないからだ」と今村は言う。

体力だけの話ではない。知力も、気力も、あるいは経済力や政治力も、そして、それらすべてをひっくるめた「人間力」も——。自分自身で限界を決めてしまわなければ、何歳になろうと、まだまだ伸びしろはあるはずだ。

そのためにも、自分に厳しく、人に優しく。真剣に、真摯に——口先だけでなく、頭で考えるだけでもなく、身体ごと動き続けることが大事だと今村は言う。

「そうすればね、ほら——できるんですよ」

今村聖三は会心の笑みを浮かべて最後にこう語った。

「自分を産んで育ててくれた両親、ずっと支えてくれた妻 裕子、そして息子たち。子どもの頃から私と出会って、ともに貴重な時間を過ごしてきた方々、そして共に働いてきた社員、取引先の方々、感謝しています。

これからも、このご縁を大事に、共に歩んでいきたいと思います。

本当にありがとう」。

終わりに

本書の企画がスタートし、初めて今村聖三と顔を合わせたときにはもちろん、世の中にはコロナの「コ」の字すら存在していなかった。

それが――何度か今村にまとまった時間を割いてもらい話を聞き、その後、コーニッシュと連絡を取り合い、大阪と東京を何度も往復しているうちに、いつしか、連日新型コロナ関連の報道がメディアを賑わすようになった。薬局の店頭からは一瞬でマスクが姿を消し、さらには五〇年ほど前のオイルショックさながらにトイレットペーパーすら入手困難に陥った。

そして、ついに、緊急事態宣言の発令。海外におけるロックダウンに比べれば、経済に与える影響は小さかったともいわれているが、政府の対応の遅れが大きな混乱を招いた。

本書の取材に関しても、当初の予定通り続行することは困難となり、大幅な見直しを余儀なくされた。緊急事態宣言の解除後も、様々な面で影響が残り続け、その一部は現在もなお、完全には復旧していない。

こうした中で、夏前にはようやく取材を再開することができた。だが、「玉光湯 ひじりのね伏見店」や「大阪農林会館」といった主要施設の取材スケジュールを消化している間に、毎日発表されるＰＣＲ検査の陽性者数はふたたび増加の一途をたどりはじめた。

「アフターコロナ」という言葉は、初めのうち「コロナ禍が完全に収束し、以前と同じ日常生活を取り戻した社会」という意味合いで使われていたが、現在では、「ビフォアコロナ」（＝コロナ禍が起こる以前の社会）の対義語として、「コロナ禍以降の社会」というニュアンスで使われるようになった。同様な言葉に「ウイズコロナ」（＝コロナと共にある社会）があり、二つを並べて「アフターコロナ、ウイズコロナ」という言い方をする場合も多い。もう二度と、「ビフォアコロナ」の時代には戻れない——そんな諦念さえ感じられる。

こうした中で取材され、執筆されてきた本書は、ある意味仕方のないことながら、当初の企画意図からはある程度の修正を加えざるを得なかった。

すなわち、「アフターコロナの時代に生き残るための不動産業者の経営戦略」であり、そこに今村聖三のビジネス論や人生論に基づく独自の法則や理論を応用して展開することである。こんな世の中だからこそ、コーニッシュという小さな会社の生存戦略を学ぶことで、様々な生き残りの可能性が見えてくるのではないだろうか。

のど、直接、うるおう
龍角散
ダイレクト
スティック
のどのあれ・不快感に水なしで飲める
ミント 16包
第3類医薬品
生薬
のど、直接、うるおう
龍角散
ダイレクト
スティック
ピーチ 16包
生薬
カラオケ BIG ECHO
Karaoke Entertainment
当ビル 2F
予約 06-4797-0200
カラオケ
カラオケ BIG ECHO
&farms

コロナ禍の影響により、大阪最大のビジネス街である梅田も、隣接する大阪屈指の繁華街である北新地も、すっかり灯が消えたようになったといわれている。

梅田と北新地からほぼ等距離にある「プラザ梅新ビル」内で、コーニッシュグループの株式会社大阪農林会館が直営する「ホテルプラザ梅新北新地」も、コロナ禍のために一時休業を余儀なくされた。また、本文中では触れられなかったが、北新地の入り口に立つ「北新地ＨＡＴ ＢＯＹビル」もコーニッシュの所有するビルである。

大阪を象徴する風景として、道頓堀の戎橋《えびすばし》南西袂《たもと》には「道頓堀グリコサイン」と呼ばれる江崎グリコ株式会社の巨大な看板広告が掲げられるが、この「北新地ＨＡＴ ＢＯＹビル」は外壁にシルクハットを片手に持ち、紅白縞のタキシードを着た男性の立ち姿が大きなプレートに描かれており、北新地のランドマークとして知られている。

この絵はもともとこのビルの外壁に描かれていたものだが、コーニッシュが取得した後にリニューアルされ、より派手に目立つように手が加えられた。ビル名も、このプレートの絵に合わせて今村が命名したものである。

「この『北新地ＨＡＴ ＢＯＹビル』は銀行からの案件でしたが、そこのトップの方から、『費用は気にせず、好きなだけ改装してくれていい。その代わり、北新地の入り口として、待ち合わせにも使えるように、もっと明るい場所にしてほしい』とおっしゃっていただきました。もちろん、コロナ以前の景気のいい時代だからこそできたことなんでしょうが……」

今村はそう言って当時をふり返った。改装プランについては、本当に遠慮なく予算をかけ、暗い印象を払拭して、きれいで明るいビルに生まれ変わらせたという。

「北新地に古くからあるスナックの年配のママさんが、あのビルの元のオーナーなんです。それで、改装したビルをご覧になって、『あのプレートをまた付けてくれてよかった。あれがなくなると思って寂しかったけど、きれいにまた付けてくれて本当に嬉しい』と喜んでくれていました。そういうこともあるから、残したかったんですよ。それに、北新地には、他にあまり派手なロケーションがありませんから、象徴的なビルとして取り上げてもいいくらいだと思っています」

コロナ禍によって灯の消えたような大阪の街に、ふたたび灯をともすために——今村聖三とコーニッシュの挑戦はまだまだ続いていくだろう。本書の執筆を通じて、著者も大いに勉強させていただいたが、お読みいただいた皆様の中から一人でも多くの方に興味をもっていただくことができれば幸いである。

著者

【編者】
ダイヤモンド・ビジネス企画
1960年、ダイヤモンド社に設立された『ダイヤモンド・セールス』編集部が1972年に分社化し、株式会社ダイヤモンド・セールス編集企画として設立。2005年、ソフトブレーン株式会社が資本参加し、ダイヤモンド社との合弁企業となる。名称をダイヤモンド・ビジネス企画に変更し、月刊『ダイヤモンド・セールスマネージャー』『ダイヤモンド・ビジョナリー』を発刊、その後、メールマガジンへと媒体変更を行ない、現在は、経営、営業、マーケティング、ブランディング、リクルーティングを目的とした書籍を発刊する。幅広いビジネスの領域の出版事業を展開している。

夢は逃げない
夢は勝手に逃げていかない、夢から逃げているのは自分自身だ

2021年3月 2日　第1刷発行
2023年9月29日　第2刷発行

編者 ──────── ダイヤモンド・ビジネス企画
発行 ──────── ダイヤモンド・ビジネス企画
〒104-0028
東京都中央区八重洲2-7-7 八重洲旭ビル2階
http://www.diamond-biz.co.jp/
電話 03-5205-7076(代表)

発売 ──────── ダイヤモンド社
〒150-8409　東京都渋谷区神宮前6-12-17
http://www.diamond.co.jp/
電話 03-5778-7240(販売)

編集制作 ───── 岡田晴彦
編集協力 ───── 浦上史樹
制作進行 ───── 川地彩香
装丁 ──────── BASE CREATIVE ,INC.
本文ﾃﾞｻﾞｲﾝ・DTP ── 齋藤恭弘
印刷進行 ───── 駒宮綾子
印刷・製本 ──── シナノパブリッシングプレス

ISBN 978-4-478-08484-7